教育部人文社会科学研究青年基金项目"王肃经
（17YJC720019）

王肃经学佚籍校证

马金亮　校证

新华出版社

图书在版编目（CIP）数据

王肃经学佚籍校证／马金亮校证．—北京：新华
出版社，2024.4
ISBN 978 - 7 - 5166 - 7370 - 6

Ⅰ．①王… Ⅱ．①马… Ⅲ．①王肃（195 - 256）—经
学—思想评论 Ⅳ．①B222.05

中国国家版本馆 CIP 数据核字（2024）第 073369 号

王肃经学佚籍校证

作者：马金亮
出版发行：新华出版社有限责任公司
　　　　　　（北京市石景山区京原路 8 号　邮编：100040）
印刷：天津和萱印刷有限公司

成品尺寸：170mm×240mm　1/16　　　**印张：**13.25　　**字数：**200 千字
版次：2024 年 4 月第 1 版　　　　　　**印次：**2024 年 4 月第 1 次印刷
书号：ISBN 978 - 7 - 5166 - 7370 - 6　　**定价：**68.00 元

微店

视频号小店

抖店

京东旗舰店

微信公众号

喜马拉雅

小红书

淘宝旗舰店

扫码添加专属客服

整理说明

王肃(195—256)，字子雍，东海郡郯县（今山东省临沂市郯城县）人，三国时期魏国大臣、著名经学家，魏司徒王朗之子、晋文帝司马昭岳父。王肃幼承家学、遍注群经，其注经摒弃谶纬、引申义理，开魏晋玄学之风气，在中国经学史上占有十分重要的地位。王肃勤于治学，著述宏富，根据《经典释文·序录》及《隋书·经籍志》《旧唐书·经籍志》《新唐书·艺文志》等史志目录可知，王肃经学著述多达三十种。其著述之多，在整个中国经学史上，可以说是除郑玄之外经学著述最多的学者之一。其著述在隋唐时期大多见存于世，由于时代变迁、学术演进等原因，至宋代以后逐渐亡佚不传。经过孙堂、马国翰、黄奭等清代学者的钩沉辑佚，今可略知王肃经学著述之概貌。王肃经学佚籍虽然只占王肃经学著述的一小部分，但无疑是现在我们研究王肃经学的最重要、最基本的文献。

本书以清儒辑佚成果为基础，对王肃《周易注》《尚书注》《毛诗注》《周礼注》《仪礼注》《礼记注》《春秋左传注》《论语注》《孝经注》《圣证论》等十种经学佚籍进行系统的校辑整理。本书共整理王肃经学佚文1144条，其中《周易注》181条，《尚书注》203条，《毛诗注》343条，《毛诗问难》4条，《毛诗义驳》13条，《毛诗奏事》4条，《周礼注》3条，《仪礼注》43条，《礼记注》181条，《春秋左传注》54条，《论语注》45条，《孝经注》29条，《圣证论》41条。兹将本书整理体例说明如下：

一、本书题曰"校证"，主要是对清儒所辑王肃《周易注》《尚书注》《毛诗注》等十种经学佚籍进行校正、校补，并对部分条目进行考证。其中"校正"和"校补"条目在脚注中予以说明；"考证"则一般附于正文相应条目之后，主要是对王肃经注之文献出处和异文等情况进行简要考证。关于王肃经注"异文"情况，亦于正文中专设"异文"条目予以说明。

二、本书所据王肃经学佚文来源文献及其版本，详见本书附录四"王肃经学佚文来源文献简目"。同一佚文见于多种文献者，一般依据称引该条佚文最完善的古籍辑录。若佚文情况相似，则依据可信度及时间先后而择善取之。此外，对于佚文差异较大者，则出注说明。清儒诸家辑本因所据文献版本、辑佚工作、刻印工作等因素，与本书所据"来源文献"版本常有文字相异者，故本书对于各家辑本与佚文"来源文献"差异明显者，则出注说明，以便于认识和了解清儒辑佚情况。其他诸如异体字、句末语气词"也""焉"等异文情况，则不再一一注明。

三、本书经文、注文条目的汇录，主要参考清儒诸家辑本，同时根据具体情况在内容、顺序等方面作了相应调整。为使条目清晰，且便于整理和阅读，经文条目均按阿拉伯序号予以排序。王肃注文之后，于括号内说明注文来源文献，并标注具体卷次。王肃经注若出于同一文献且卷次相同，则合注之；若分出于不同文献或出于同一文献而卷次不同，则分别注之。

四、本书对于清儒校勘成果，亦择善从之，并出注说明。本书所据清儒诸家辑本，主要参考古凤主编《经学辑佚文献汇编》（国家图书馆出版社，2010 年版）。关于诸家辑本之简称，在具体章节中均省作"某某辑本"，如马国翰所辑《周易王氏注》《尚书王氏注》《毛诗王氏注》《春秋左传王氏注》等，在具体章节中均省作"马国翰辑本"。

五、本书"考证"部分，为求言必有据，一般注明文献版本信息、具体页码，所据版本为便于检索和使用，多取今之点校、标点本。

六、本书所涉及的异体字，除了人名、地名、书名、印章等特殊用字外，皆统一使用规范简体字。书中避讳字，亦统一一改为本字。

目　录

第一章 王肃《周易注》①

乾卦第一

1. 初九，潜龙勿用。

【王肃注】周公作爻辞。②（《双湖先生文集》卷二）

【考　证】关于王肃"周公作爻辞"之说，元儒董真卿《周易会通》云："爻辞为周公作者，《易》初无明文，马融、王肃、姚信谓'周公作爻辞'。"③ 元儒胡一桂《双湖先生文集》云："马融、陆绩、王肃、姚信等始有'周公作爻辞'之说，绝不经见。"④《四库提要》于《周易会通》条目下云："元董真卿撰，真卿字季真，鄱阳人，尝受学于胡一桂，斯编实本一桂之纂疏而广及诸家。"⑤ 董真卿曾受学于胡一桂（胡氏著有《周易本义附

---

① 本章王肃《周易注》佚文，本自《经典释文》《周易集解》等文献，并参考孙堂、马国翰、黄奭、张惠言等清人诸辑本。部分注文涉及异文、出处等问题，则专门予以简单考证、说明。关于上述诸家辑本的优劣详略，孙启治、陈建华《中国古佚书辑本目录解题》云："朱彝尊仅从《释文》采撷，最略。其余诸家辑本皆从《释文》《周易集解》等采撷，以孙堂所辑较备。黄奭所辑全袭孙辑，其自采者唯所附补遗四节。臧庸、马国翰二辑较孙、黄稍略，唯马所采《比》'有孚盈缶'、《说卦》'坎为狐'二节为孙、黄所缺。又马氏别辑有《周易王氏音》，故凡《释文》所引肃注字音诸节皆不入此辑。张惠言所辑未出诸家之外。"参见孙启治、陈建华：《中国古佚书辑本目录解题》，上海古籍出版社 2017 年版，第 18 页。

② 此条注文，孙堂、黄奭辑本同，皆为"周公作爻辞"。马国翰、张惠言辑本无此条。关于出处，孙堂辑本注曰："董氏《会通》。"黄奭辑本注曰："董氏《会通》，熊过《周易象旨决录》。"按："董氏《会通》"，指元代董真卿所著《周易会通》；"熊过《周易象旨决录》"，指明代熊过所著《周易象旨决录》。

③ （元）董真卿：《周易会通》，载《景印文渊阁四库全书》第 26 册，台湾商务印书馆 1986 年版，第 93 页。

④ （元）胡一桂：《双湖先生文集》，载《续修四库全书》第 1322 册，上海古籍出版社 2002 年版，第 560 页。

⑤《景印文渊阁四库全书》第 1 册，第 110 页。

录纂疏》十五卷），其所云"王肃谓'周公作爻辞'"，盖本自其师胡一桂之说。王肃"周公作爻辞"说，孙堂、黄奭辑本皆言其出处为《周易会通》。实际上，就目前已知文献来看，其最早"出处"当追溯至元代胡一桂《双湖先生文集》。

2. 九二，见龙在田，利见大人。

【王肃注】大人，圣人在位之目。（《经典释文》卷二、《文选》卷四十七李善注）

【考　证】《经典释文·周易音义》于"大人"二字下释曰："王肃云'圣人在位之目'。"《文选·圣主得贤臣颂》李善注云："王肃曰'大人，在位之目也'。"张惠言辑本曰："《文选》王褒《圣主得贤臣颂》李善注引云'大人，在位之目'，盖误脱也。言在位，则亦以为九五之大人，与郑同矣。"①张惠言认为《文选注》盖误脱"圣人"二字，揆诸文意，张说是也。

3. 上九，亢龙有悔。

【王肃注】穷高曰亢。知进忘退，故悔也。（《周易集解》卷一）

4.《象》曰：飞龙在天，大人造也。

【王肃注】造，七到反，就也，至也。②（《经典释文》卷二）

5.《文言》曰：子曰："上下无常，非为邪也。"

【王肃注】上音，时掌反。③（《经典释文》卷二）

6.《文言》曰：水流湿，火就燥。

【王肃注】水之性润万物而退下，火之性炎盛而升上。（《尚书正义》卷十二）

7.《文言》曰：云从龙，风从虎。

【王肃注】龙举而景云属，虎啸而谷风兴。④（《史记》卷六十一裴骃集解）

8.《文言》曰：六爻发挥，旁通情也。

【王肃注】挥，散也。（《经典释文》卷二）

---

① 古风主编《经学辑佚文献汇编》第 2 册，国家图书馆出版社 2010 年版，第 571 页。
② 此条注文，孙堂、黄奭、马国翰辑本同，张惠言辑本只有音注"造，七到反"。
③ "时掌反"，马国翰《周易王氏音》作"时韦反"，误。
④ "谷风兴"，马国翰辑本作"谷风生"，误。

9. 《文言》曰：其为圣人乎！

【异　文】"圣人"，王肃本作"愚人"。（《经典释文》卷二）

坤卦第二

10. 西南得朋，东北丧朋。

【王肃注】西南阴类，故得朋；东北阳类，故丧朋。①（《汉上易传丛说》）

11. 《象》曰：黄裳元吉，文在中也。

【王肃注】坤为文，五在中，故曰"文在中也"。（《周易集解》卷二）

屯卦第三

12. 上六，乘马班如。

【王肃注】班如，盘桓②不进也。（《文选》卷五十五李善注）

13. 六三，即鹿③无虞。

【异　文】"鹿"，王肃本作"麓"。（《经典释文》卷二）

【王肃注】麓，山足。（《经典释文》卷二）

蒙卦第四

14. 上九，击蒙。

【王肃注】击，治也。（《经典释文》卷二）

---

① 关于此条注释的出处，孙堂辑本曰"《汉上丛说》"；马国翰辑本曰"朱震《汉上丛说》"；黄奭辑本曰"《汉上丛书》"；张惠言辑本曰"《汉上易丛说》"，并附注曰："此即马、荀注也，然不取其孟春、孟秋、三阴、三阳之文，其义盖不取卦气。然则阴阳类者，说卦之方。东与北，干坎艮震，阳卦；西与南，巽离坤兑，阴卦也。"按：黄氏误，当为《汉上丛说》或《汉上易传丛说》。

② "盘桓"，马国翰辑本同，孙堂、张惠言辑本作"槃桓"，黄奭辑本作"槃垣"。

③ "即鹿"，黄奭辑本作"节鹿"，误。

需卦第五

15. 《象》曰：云上于天，需。

【异　文】"云上于天"，王肃本作"云在天上"。（《经典释文》卷二）

16. 九三，需于泥，致寇至。

【异　文】"寇"，王肃本作"戎"。（《经典释文》卷二）

讼卦第六

17. 《象》曰："终凶"，讼不可成也。

【王肃注】以讼成功者，终必凶也。① （《周易集解》卷三）

18. 《象》曰：自下讼上，患至掇也。

【王肃注】掇，若手拾掇物然。（《周易正义》卷二）

19. 九五，讼，元吉。《象》曰："讼，元吉"，以中正也。

【王肃注】以中正之德，齐乖争之俗，"元吉"也。② （《周易集解》卷三）

20. 上九，或锡之鞶带，终朝三褫之。

【异　文】"鞶"，王肃本作"槃"。（《经典释文》卷二）

【王肃注】褫，解也。（《经典释文》卷二）

师卦第七

21. 《象》曰：君子以容民畜众。

【王肃注】畜，许六反，养也。（《经典释文》卷二）

22. 初六，师出以律，否臧凶。

【王肃注】否，方有反。（《经典释文》卷二）

---

① 此条注文，孙堂、黄奭、马国翰辑本同，张惠言辑本无。
② 此条注文，孙堂、黄奭、马国翰辑本同，张惠言辑本无。

23. 《象》曰："在师中吉"，承天宠也。

【异　文】"宠"，王肃本作"龙"。(《经典释文》卷二)

【王肃注】龙，宠也。(《经典释文》卷二)

比卦第八

24. 初六，有孚盈缶。

【王肃注】缶者，下民质素之器。① (《太平御览》卷七百五十八)

25. 六三，比之匪人。

【异　文】"匪人"，王肃本作"匪人凶"。(《经典释文》卷二)

泰卦第十一

26. 初九，拔茅茹。

【王肃注】茹，音如。(《经典释文》卷二)

同人卦第十三

27. 《象》曰：君子以类族辨物。

【王肃注】辩，卜免反。(《经典释文》卷二)

28. 九三，伏戎于莽。

【王肃注】莽，冥党反。(《经典释文》卷二)

大有卦第十四

29. 九二，大车以载，有攸往，无咎。

【王肃注】车，刚除反。(《经典释文》卷二)

---

① 此条注文，马国翰辑本有，孙堂、黄奭、张惠言辑本无。

30. 九四，匪其彭，无咎。

【王肃注】彭，壮也。（《经典释文》卷二）

豫卦第十六

31. 六三，盱豫悔。

【王肃注】盱，大也。（《经典释文》卷二）

32. 九四，勿疑，朋盍簪。

【王肃注】簪，祖感反。（《经典释文》卷二）簪，速也。①（《类篇》卷二十四）

【考　证】《类篇》云："（簪）又子感切，速也，《易》'朋盍簪'，王肃。"② 按：由《类篇》所云"王肃读文二，重音一"可知，王肃释"簪"为"速也"。

随卦第十七

33. 随，大亨，贞无咎，而天下随时。

【异　文】"随时"，王肃本作"随之"。（《经典释文》卷二）

34. 随时之义大矣哉！

【异　文】"随时之义"，王肃本作"随之时义"。（《经典释文》卷二）

35. 《象》曰：君子以向晦入宴息。

【异　文】"向"，王肃本作"乡"。（《经典释文》卷二）

【王肃注】乡，许亮反。宴，乌显反。（《经典释文》卷二）

---

① 此条注文，马国翰、张惠言辑本无。孙堂、黄奭辑本注其出处曰"《集韵》《类篇》"。按：考《集韵》"簪"字条（丁度等编《宋刻集韵》，中华书局 2005 年版，第 80 页），并无王肃之说，孙、黄辑本恐误。

② （宋）司马光：《类篇》，上海古籍出版社 1988 年版，第 301 页。

蛊卦第十八

36.《象》曰：山下有风，蛊。君子以振民育德。

【异　文】"育"，王肃本作"毓"。（《经典释文》卷二）

观卦第二十

37. 观：盥而不荐①，有孚颙若。

【异　文】"盥而不荐"，王肃本作"盥而观荐"。（《经典释文》卷二）

【考　证】关于此条，孙堂辑本注曰："陆氏曰王肃本作'而观荐'，神庙本《释文》同。《注疏》《音义》亦云：'不荐'，王肃作'观荐'。今《释文》皆云王肃作'而不观荐'，疑衍一'不'字。"②黄奭亦从孙说。黄焯《经典释文汇校》云："'观荐'上，雅雨本有'不'字，宋本与此本同。"③按：黄焯所云"此本"为其汇校所用底本"《通志堂经解》本"。考辨文意，孙说似更合乎原意，王肃本当作"盥而观荐"。

38.《象》曰：大观在上。

【王肃注】观，音官。（《经典释文》卷二）

噬嗑卦第二十一

39. 九四，噬干肺，得金矢。

【王肃注】四体离，阴卦，骨之象。骨在干肉脯之象。金象，所以获野禽，故食之，反得金矢。君子于味必思其毒，于利必备其难。（《太平御览》卷八百六十二、《初学记》卷二十六）

---

①　孙堂、黄奭辑本同；马国翰、张惠言辑本作"盥而不观荐"。

②　（清）孙堂辑《王肃周易注》，载古风主编《经学辑佚文献汇编》第2册，国家图书馆出版社2010年版，第561页。

③　（唐）陆德明撰，黄焯汇校：《经典释文汇校》，中华书局2006年版，第40页。

【考　证】《初学记》云："王肃注曰：'四体纯阴卦，骨之象。骨在干肉脯之象。金象，所以获野禽以食之，反得金矢。君子于味必思其毒，于利必备其难。'"① 《太平御览》云："《易》曰：'噬干胏，得金矢。'王肃注曰：'四体离，阴卦，骨之象。骨在干肉脯之象。金象，所以获野禽，故食之，反得金矢。君子于味必思其毒，于利必备其难。'"② 按：唐代徐坚等《初学记》与宋代李昉等《太平御览》所载"王肃注"大同小异，今且从《太平御览》。

40. 上九，荷校灭耳，凶。

【王肃注】荷，担。③（《经典释文》卷二）

41.《象》曰：荷校灭耳，聪不明也。

【王肃注】言其聪之不明。（《经典释文》卷二）

贲卦第二十二

42. 贲

【王肃注】贲，符文反，有文饰，黄白色。（《经典释文》卷二）

43.《象》曰：山下有火，贲。

【王肃注】离下艮上④，离为火，艮为山。⑤（《孔子家语注》卷二）

44. 初九，贲其趾，舍车而徒。

【王肃注】在下故称趾。既舍其车，又饰其趾，是徒步也。⑥（《周易集解》卷五）

---

① （唐）徐坚等：《初学记》，司义祖点校，中华书局 2004 年版，第 642 页。
② （宋）李昉等：《太平御览》第 7 册，孙雍长、熊毓兰校点，河北教育出版社 2000 年版，第 954 页。
③ 按："担"，张一弓点校本误作"檐"。参见（唐）陆德明：《经典释文》，张一弓点校，上海古籍出版社 2012 年版，第 32 页。
④ "离下艮上"，原作"离上艮下"。孙堂、黄奭辑本皆作"离下艮上"，是，今从之。
⑤ 此条注文，孙堂、黄奭辑本有，马国翰、张惠言辑本无。
⑥ 此条注文，孙堂、黄奭、马国翰辑本有，张惠言辑本无。

45. 《象》曰"舍车而徒"，义弗乘也。

【异　文】"弗"，王肃本作"不"。① （《易经异文释》卷二引晁氏《易》）

【考　证】《易经异文释》云："晁氏《易》云：'弗'，郑、王作'不'。"② 按：孙堂、黄奭辑本注其出处曰"晁氏"，有失严谨，当作《易经异文释》引晁氏《易》。

46. 六五，贲于丘园，束帛戋戋。

【王肃注】失位无应，隐处丘园。盖蒙暗之人，道德弥明，必有束帛之聘也。戋戋，委积之貌也。（《文选》卷三李善注）

【考　证】《文选》卷三《东京赋》李善注云："《周易》曰：'六五，贲于丘园，束帛戋戋。'王肃云：'失位无应，隐处丘园。盖蒙暗之人，道德弥明，必有束帛之聘也。戋戋，委积之貌也。'"③ 又《文选》卷三十七《谢平原内史表》李善注云："《易》曰：'贲于丘园，束帛戋戋。'王肃曰：'隐处丘园，道德弥明，必有束帛之聘。'"④ 又《文选》卷五十五《演连珠五十首》李善注云："《周易》曰：'贲于丘园，束帛戋戋。'王肃曰：'失位无应，隐处丘园。盖象衡门之人，道德弥明，必有束帛之聘。戋戋，委积之貌也。'"⑤ 按：《文选注》三引王肃之说，大同小异，姑从《文选》卷三《东京赋》李善注。

剥卦第二十三

47. 六二，剥床以辨，蔑；贞凶。

【王肃注】辨，否勉反。（《经典释文》卷二）

48. 六四，剥床以肤，凶。

【王肃注】在下而安人者，床也；在上而处床者，人也。坤以像床，艮

---

① 此条注文，孙堂、黄奭辑本有，马国翰、张惠言辑本无。

② （清）李富孙：《易经异文释》，载《续修四库全书》第27册，第675页。

③ （梁）萧统：《文选》，（唐）李善注，李培南等整理，上海古籍出版社1986年版，第110页。

④ （梁）萧统：《文选》，（唐）李善注，李培南等整理，上海古籍出版社1986年版，第1697页。

⑤ （梁）萧统：《文选》，（唐）李善注，李培南等整理，上海古籍出版社1986年版，第2384－2385页。

以像人，床剥尽以及人身，为败滋深，害莫甚焉，故曰"剥床以肤，凶"也。（《周易集解》卷五）

复卦第二十四

49. 初九，不远复，无祗悔。

【异 文】"祗"，王肃本作"褆"。（《经典释文》卷二）

【王肃注】褆，时支反。（《经典释文》卷二）

50.《象》曰：休复之吉，以下仁也。

【王肃注】下仁，下附于仁。（《经典释文》卷二）

无妄卦第二十五

51. 无妄

【王肃注】妄，犹望，谓无所希望也。（《经典释文》卷二）

颐卦第二十七

52. 六二，颠颐，拂经于丘颐，征凶。

【王肃注】养下曰颠。拂，违也。经，常也。丘，小山，谓六五也；二宜应五，反下养初，岂非"颠颐"？违常于五也，故曰"拂经于丘"矣。拂丘虽阻常理，养下故谓养贤。上既无应，征必凶矣，故曰"征凶"。（《周易集解》卷六）

53. 上九，由颐，厉吉，利涉大川。

【王肃注】厉，危。（《经典释文》卷二）

大过卦第二十八

54. 大过

【王肃注】过，音戈。（《经典释文》卷二）

坎卦第二十九

55.《象》曰：王公设险以守其国，险之时用大矣哉！

【王肃注】窞，徒感反，坎底也。（《经典释文》卷二）

56. 六三，来之坎坎，险且枕，入于坎窞，勿用。

【王肃注】枕，针甚反。（《经典释文》卷二）

离卦第三十

57.《象》曰：日月丽乎天，百谷草木丽乎土。

【异　文】"丽乎土"，王肃本作"丽乎地"。（《经典释文》卷二）

58.《象》曰：明两作，离；大人以继明照于四方。

【王肃注】两离相续，继明之义也。（《太平御览》卷一百四十六）

59. 九三，日昃之离，不鼓缶而歌，则大耋之嗟，凶。

【王肃注】耋，他结反，八十曰耋。嗟，遭哥反。（《经典释文》卷二）

60. 九四，突如其来如。

【王肃注】突，唐屑反。（《经典释文》卷二）

61.《象》曰：六五之吉，离王公也。

【王肃注】丽王者之后为公。（《经典释文》卷二）

62.《象》曰："王用出征"，以正邦也。

【异　文】此句经文，王肃本作"《象》曰：'王用出征'，以正邦也。获匪其丑，大有功也。"（《经典释文》卷二）

咸卦第三十一

63.《象》曰：咸，感也，柔上而刚下，二气感应以相与。止而说，男下女，是以亨，利贞，取女吉也。

【王肃注】山泽以气通，男女以礼感。男而下女，初婚之所以为礼也；

通义正，取女之所以为吉也。(《周易集解》卷七)

64. 九四，**贞吉，悔亡。憧憧往来，朋从尔思。**

【王肃注】憧憧，往来不绝貌。(《经典释文》卷二)

65. 九五，**咸其脢，无悔。**

【王肃注】脢，音灰。(《经典释文》卷二) 在背而夹脊。(《周易正义》卷四)

遯卦第三十三

66. 六二，**执之用黄牛之革，莫之胜说。**

【王肃注】说，如字，解说也。(《经典释文》卷二)

67. 《象》曰："系遯"之"厉"，有疾惫也。

【异　文】"惫"，王肃本作"毙"。(《经典释文》卷二)

【王肃注】三上系于二而获遯，故曰"系遯"。病此系执而获危惧，故曰"有疾惫也"。此于六二，畜臣妾之象，足以畜其臣妾，不可施为大事也。(《周易集解》卷七)

68. 九四，**好遯，君子吉，小人否。**

【王肃注】否，备鄙反，塞也。(《经典释文》卷二)

大壮第三十四

69. 大壮

【王肃注】壮，盛也。(《经典释文》卷二)

70. 九三，**小人用壮，君子用罔。贞厉，羝羊触藩，赢其角。**

【异　文】"赢"，王肃本作"缧"。(《经典释文》卷二)

【王肃注】罔，无。缧，音螺。(《经典释文》卷二)

71. 六五，**丧羊于易，无悔。**

【王肃注】易，音亦畔也，与场通。(《周易集说》下经)

72.《象》曰："不能退，不能遂"，不详也。

【异　文】"详"，王肃本作"祥"。(《经典释文》卷二)

【王肃注】祥，善也。(《经典释文》卷二)

晋卦第三十五

73. 六五，悔亡，失得勿恤。往吉，无不利。

【异　文】"失"，王肃本作"矢"。

【王肃注】离为矢。(《经典释文》卷二)

明夷卦第三十六

74.《象》曰：内文明而外柔顺，以蒙大难，文王以之。

【王肃注】唯文王能用之。(《经典释文》卷二)

75. 六二，明夷，夷于左股，用拯马壮，吉。

【异　文】"股"，王肃本作"般"。(《经典释文》卷二)

【王肃注】般，旋也，日随天左旋也。(《经典释文》卷二)

家人卦第三十七

76.《象》曰：家人有严君焉，父母之谓也。父父，子子，兄兄，弟弟，夫夫，妇妇，而家道正；正家而天下定矣。

【王肃注】凡男女所以能各得其正者，由家人有严君也。家人有严君，故父子、夫妇各得其正。家家咸正而天下之治大定矣。(《周易集解》卷八)

睽卦第三十八

77. 睽

【王肃注】睽，音圭。(《经典释文》卷二)

78.《象》曰：二女同居，其志不同行。

【王肃注】行，遐孟反。(《经典释文》卷二)

79.《象》曰：天地睽而其事同也。

【王肃注】高卑虽异，同育万物。(《周易集解》卷八)

80. 六三，见舆曳，其牛掣；其人天且劓。无初有终。

【异　文】"劓"，王肃本作"劓"。(《经典释文》卷二)

【王肃注】劓，鱼一反。(《经典释文》卷二)

81. 上九，睽孤，见豕负涂，载鬼一车，先张之弧，后说之弧。

【异　文】"弧"，王肃本作"壶"。(《经典释文》卷二)

蹇卦第三十九

82. 蹇

【王肃注】蹇，纪偃反。(《经典释文》卷二)

83.《象》曰："蹇，利西南"，往得中也。

【王肃注】中，适也，《解》卦《彖》同。(《经典释文》卷二)

解卦第四十

84.《象》曰："其来复吉"，乃得中也。

【王肃注】中，适也。(《经典释文》卷二)

【考　证】由上条"王肃注"所云"《解》卦《彖》同"可知，王肃此处亦释"中"为"适也"。

85. 六三，负且乘，至寇至。贞吝。

【王肃注】乘，绳证反。(《经典释文》卷二)

86. 九四，解而拇，朋至斯孚。

【王肃注】拇，手大指。(《经典释文》卷二)

损卦第四十一

87. 上九，弗损益之，无咎，贞吉。利有攸往，得臣无家。

【异　文】"弗"，王肃本作"不"。(《周易集解》卷八)

【王肃注】处损之极，损极则益，故曰"不损益之"。非无咎也，为下所益，故"无咎"。据五应三，三阴上附，外内相应，上下交接，正之吉也，故"利有攸往"矣。刚阳居上，群下共臣，故曰"得臣"矣。得臣则万方一轨，故"无家"也。(《周易集解》卷八)

【考　证】"弗损益之"，王肃注经直接引作"不损益之"，可见"弗"字，王肃本作"不"。

益卦第四十二

88. 六三，益之用凶事，无咎。有孚中行，告公用圭。

【异　文】用圭，王肃本作"用桓圭"。(《经典释文》卷二)

夬卦第四十三

89. 九三，壮于頄，有凶。

【王肃注】頄，音龟。(《经典释文》卷二)

90. 九四，臀无肤，其行次且。

【异　文】"次且"，王肃本作"趑趄"。(《经典释文》卷二)

【王肃注】趑趄，行止之碍也。下卦放此。(《经典释文》卷二)

【考　证】"次且"，王肃注经直接引作"趑趄"，可知"次且"，王肃本作"趑趄"。

91. 九五，苋陆夬夬，中行无咎。

【王肃注】苋陆，一名商陆。(《周易正义》卷五)

姤卦第四十四

92. 《象》曰："勿用取女"，不可与长也。

【王肃注】女不可娶，以其不正，不可与长久也。(《周易集解》卷九)

93. 《象》曰：天下有风，姤；后以施命诰四方。

【异　文】"诰"，王肃本作"诘"。(《经典释文》卷二)

【王肃注】诘，起一反，止也。(《经典释文》卷二)

94. 初六，系于金柅，贞吉。有攸往，见凶。羸豕孚蹢躅。

【异　文】"柅"，王肃本作"抳"，从手。(《经典释文》卷二)

【王肃注】抳，织绩之器，妇人所用。(《周易正义》卷五) 羸，劣随反。(《经典释文》卷二)

萃卦第四十五

95. 萃：亨，王假有庙。

【异　文】"亨"，王肃本有此字。(《经典释文》卷二)

96. 《象》曰：泽上于地，萃。君子以除戎器，戒不虞。

【王肃注】除，犹修治。(《经典释文》卷二)

97. 初六，有孚不终，乃乱乃萃。若号，一握为笑。

【王肃注】号，户羔反。(《经典释文》卷二)

98. 六二，引吉，无咎。孚乃利用禴。

【王肃注】六二与九五相应，俱履贞正。引由迎也，为吉所迎，何咎之有？(《旧唐书》卷一百) 禴，羊略反，殷春祭名。(《经典释文》卷二)

99. 上六，赍咨涕洟，无咎。

【王肃注】赍，将啼反。(《经典释文》卷二)

升卦第四十六

100. 《象》曰：君子以顺德，积小以高大。

【王肃注】"顺"，如字。(《经典释文》卷二)

101. 六四，王用亨于岐山，吉，无咎。

【王肃注】亨，许两反。（《经典释文》卷二）

困卦第四十七

102. 九四，来徐徐，困于金车，吝，有终。

【异　文】"徐徐"，王肃本作"余余"。（《经典释文》卷二）

103. 九五，劓刖，困于赤绂。

【异　文】"劓刖"，王肃本作"臲卼"。（《经典释文》卷二）

【王肃注】臲，妍喆反；臲卼，不安貌。（《经典释文》卷二）

井卦第四十八

104. 井：汔至亦未繘井，羸其瓶，凶。

【王肃注】汔，其乞反。（《经典释文》卷二）

105.《象》曰：木上有水，井。君子以劳民劝相。

【王肃注】相，如字。（《经典释文》卷二）

106. 九二，井谷射鲋，瓮敝漏。

【王肃注】射，音亦，厌也；敝，扶灭反。（《经典释文》卷二）鲋，小鱼也。（《太平御览》卷九百三十七）

107. 九五，井洌，寒泉食。

【王肃注】洌，音例。（《经典释文》卷二）

震卦第五十一

108. 震：亨。震来虩虩，笑言哑哑；震惊百里，不丧匕鬯。《象》曰："震惊百里"，惊远而惧迩也。出可以守宗庙社稷，以为祭主也。

【王肃注】在有灵而尊者，莫若于天；有灵而贵者，莫若于王；有声而威者，莫若于雷；有政而严者，莫若于侯。是以天子当乾，诸侯用震，地不过一同，雷不过百里，政行百里则匕鬯亦不丧。祭祀，国家大事，不丧，宗庙安矣。处则诸侯执其政，出则长子掌其祀。(《太平御览》卷一百四十六)

109. 《象》曰："震苏苏"，位不当也。

【王肃注】苏苏，躁动貌。(《经典释文》卷二)

艮卦第五十二

110. 六二，艮其腓，不拯其随，其心不快。

【异　文】"拯"，王肃本作"承"。(《古易音训》引晁氏语)

111. 九三，艮其限，列其夤，厉薰心。

【异　文】"薰"，王肃本作"熏"。(《汉上易传》卷五)

【王肃注】熏，灼其心。(《汉上易传》卷五)

渐卦第五十三

112. 《象》曰：渐之进也，女归吉也。

【异　文】"女归吉也"，王肃本作"女归吉利贞"。(《经典释文》卷二)

113. 《象》曰：山上有木，渐。君子以居贤德善俗。

【异　文】"善俗"，王肃本作"善风俗"。(《经典释文》卷二)

114. 初六，鸿渐于干。小子厉，有言，无咎。

【王肃注】干，山闲涧水也。(《经典释文》卷二)

115. 六二，鸿渐于磐，饮食衎衎，吉。

【王肃注】衎衎，宽饶之貌也。(《文选》卷六李善注)

归妹卦第五十四

116. 《象》曰：归妹，天地之大义也。天地不交，而万物不兴。

【王肃注】男女交而后人民蕃，天地交然后万物兴，故归妹以及天地交之义也。(《周易集解》卷十一)

117.《象》曰：征凶，位不当也；无攸利，柔乘刚也。

【王肃注】以征则有不正之凶，以处则有乘刚之逆①也，故无所利矣。（《周易集解》卷十一）

118.九四，归妹愆期，迟归有时。

【王肃注】愆，过也。（《文选》卷二十八李善注）

丰卦第五十五

119.初九，遇其配主，虽旬无咎，往有尚。

【王肃注】旬，尚纯反。（《经典释文》卷二）

120.六二，丰其蔀，日中见斗，往得疑疾。

【王肃注】蔀，普苟反。（《经典释文》卷二）

121.九三，丰其沛，日中见沬。

【王肃注】沬，音妹。（《经典释文》卷二）

122.《象》曰：丰其屋，天际翔也；阒其户阒其无人，自藏也。

【异　文】"翔"，王肃本作"祥"；"藏"，王肃本作"戕"。（《经典释文》卷二）

【王肃注】戕，慈羊反，残也。（《经典释文》卷二）

旅卦第五十六

123.旅卦

【王肃注】旅，军旅。（《经典释文》卷二）

124.初六，旅琐琐，斯其所取灾。

【王肃注】琐琐，细小貌。（《经典释文》卷二）

125.上九，丧牛于易，凶。

【王肃注】易，音亦。（《经典释文》卷二）

---

① "逆"字，孙堂、黄奭、马国翰辑本皆作"进"。

涣卦第五十九

126. 初六，用拯马壮吉。

【王肃注】拯，拔也。（《经典释文》卷二）

127. 九五，涣汗其大号，涣王居，无咎。

【王肃注】王者出令，不可复返，喻如汗出不还①。（《北堂书钞》卷一百零三）

中孚卦第六十一

128. 《象》曰：中孚，柔在内而刚得中；说而巽，孚乃化邦也。

【王肃注】三四在内，二五得中，兑说而巽顺，故孚也。（《周易集解》卷十二）

129. 《象》曰：利涉大川，乘木舟虚也。

【王肃注】中孚之象，外实内虚，有似可乘虚木之舟也。（《周易集解》卷十二）

130. 九二，我有好爵，吾与尔靡之。

【王肃注】好，呼报反。（《经典释文》卷二）

131. 六三，得敌，或鼓或罢，或泣或歌。

【王肃注】罢，音皮。（《经典释文》卷二）

小过卦第六十二

132. 小过

【王肃注】过，音戈。（《经典释文》卷二）

---

① "喻如汗出不还"，马国翰辑本作"喻如身中汗出，不可返也"。

133. 《象》："飞鸟遗之音，不宜上，宜下，大吉"，上逆而下顺也。

【王肃注】四五失位，故曰上逆；二三得正，故曰下顺也。（《周易集解》卷十二）

既济卦第六十三

134. 六二，妇丧其茀，勿逐，七日得。《象》曰："七日得"，以中道也。

【异　文】"茀"，王肃本作"髴"。（《周易集解》卷十二）

【王肃注】体柔应五，履顺承刚，妇人之义也。髴，首饰。坎为盗，离为妇，丧其髴，邻于盗也。勿逐自得，履中道也。二五相应，故"七日得"也。（《周易集解》卷十二）

135. 六四，繻有衣袽，终日戒。

【王肃注】繻，音须；袽，音如。（《经典释文》卷二）

未济卦第六十四

136. 未济：亨。小狐汔济，濡其尾，无攸利。

【王肃注】坎为水，为险，为隐伏物之在险。穴居隐伏，往来水间者，狐也。（《汉上易传》卷九）

系辞上传

137. 在天成象，在地成形，变化见矣。

【王肃注】象者，日月星；形，山川群物也。（《礼记正义》卷三十七）

138. 是故刚柔相摩，八卦相荡。

【王肃注】荡，唐党反。（《经典释文》卷二）

139. 鼓之以雷霆，润之以风雨。

【王肃注】霆，音庭。（《经典释文》卷二）

140. 乾知大始，坤作成物。

【异　文】"大"，王肃本作"泰"。（《经典释文》卷二）

141. 天下之理得，而成位乎其中矣。

【异　文】"而成位乎其中"，王肃本作"而易成位乎其中"。（《经典释文》卷二）

142. 六爻之动，三极之道也。

【王肃注】三极，阴阳、刚柔、仁义。（《经典释文》卷二）

143. 是故列贵贱者存乎位，齐小大者存乎卦。

【王肃注】齐，犹正也，阳卦大，阴卦小，卦列则小大分，故曰"齐小大者存乎卦"也。（《周易集解》卷十三）

144. 忧悔吝者存乎介，震无咎者存乎悔。

【王肃注】介，纤介也。震，动也。（《经典释文》卷二）

145. 《易》与天地准，故能弥纶天地之道。

【王肃注】纶，缠裹也。（《经典释文》卷二）弥纶，缠裹也。（《文选》卷十七李善注）

【考　证】《经典释文》与《文选注》所引王肃经注略有差异，依字义而言，"纶"似更有缠裹之义，而"弥纶"当为"统摄""贯通"之义。因此，《经典释文》所引似更为准确。

146. 范围天地之化而不过，曲成万物而不遗。

【异　文】"范围"，王肃本作"犯违"。（《经典释文》卷二）

147. 百姓日用而不知，故君子之道鲜矣。

【王肃注】鲜，少也。（《经典释文》卷二）

148. 二人同心，其利断金。

【王肃注】断，丁管反。（《经典释文》卷二）

149. 慢藏诲盗，冶容诲淫。

【异　文】"冶"，王肃本作"野"。（《经典释文》卷二）

【王肃注】野，音也。言妖野容仪，教诲淫泆也。（《经典释文》卷二）

150. 分而为二以象两，挂一以象三。

【王肃注】挂，音卦。（《经典释文》卷二）

151. 参伍以变，错综其数。

【王肃注】错，交也；综，理事也。（《文选》卷十二李善注）

152. 夫《易》开物成务，冒天下之道，如斯而已者也。

【异　文】"开"，王肃本作"闿"。（《经典释文》卷二）

【王肃注】闿，音开。（《经典释文》卷二）

153. 圣人以此洗心，退藏于密，吉凶与民同患。

【王肃注】洗，悉礼反。（《经典释文》卷二）

154. 古之聪明睿知，神武而不杀者夫！

【王肃注】杀，所戒反。（《经典释文》卷二）

155. 是故阖户谓之坤，辟户谓之乾。

【王肃注】辟，甫亦反。（《经典释文》卷二）

156. 是故《易》有太极，是生两仪。

【王肃注】此章首独言"是故"者，总众章之义。（《经典释文》卷二）两仪，天地也。（《文选》卷二十四李善注）

157. 河出图，洛出书，圣人则之。

【异　文】"洛"，王肃本作"雒"。（《经典释文》卷二）

【王肃注】河图，八卦也。（《尚书正义》卷十八）雒，汉家以火德王，故从各佳。（《经典释文》卷二）

158. 乾坤，其《易》之缊邪？

【王肃注】缊，于问反。（《经典释文》卷二）

系辞下传

159. 何以守位？曰人。何以聚人？曰财。

【异　文】"人"，王肃本作"仁"。（《经典释文》卷二）

160. 上古结绳而治，后世圣人易之以书契。

【王肃注】结绳，识其政事是也。文籍初自五帝，三皇未有文字。（《尚书正义》卷一）

161. 以体天地之撰，以通神明之德。

【王肃注】撰，士眷反。(《经典释文》卷二)

162. 《困》，德之辨也。

【王肃注】辨，卜免反。(《经典释文》卷二)

163. 《易》之为书也，不可远，为道也屡迁。

【王肃注】远，袁万反。(《经典释文》卷二)

164. 噫！亦要存亡吉凶，则居可知矣。

【王肃注】噫，于力反，辞也；居，音基。(《经典释文》卷二)

165. 知者观其彖辞，则思过半矣。

【王肃注】彖，举象之要也。(《经典释文》卷二)

166. 定天下之吉凶，成天下之亹亹者。

【王肃注】亹亹，勉也。(《经典释文》卷二)

说 卦 传

167. 昔者圣人之作《易》也，幽赞于神明而生蓍，参天两地而倚数。

【王肃注】伏羲得河图而作《易》。① (《玉海》卷三十五) 倚，其绮反，立也。(《经典释文》卷二) 五位相合，以阴从阳。天得三合，谓一三与五也；地得两合，谓二与四也。(《周易集解纂疏》卷十)

168. 雷风相薄，水火不相射。

【王肃注】射，音亦，厌也。(《经典释文》卷二)

169. 雷以动之，风以散之。雨以润之，日以烜之。艮以止之，兑以说之。乾以君之，坤以藏之。

【王肃注】互相备也。明雷风与震巽同用，乾坤与天地通功也。(《周易正义》卷九)

170. 神也者，妙万物而为言者也。

【异　文】"妙"，王肃本作"眇"。(《经典释文》卷二)

---

　　① 按：此句，张怀瓘《书断》、张彦远《法书要录》引作"得河图而作《易》"，无"伏羲"二字。

【王肃注】眇,音妙。(《经典释文》卷二)

171. 桡万物者莫疾乎风,燥万物者莫熯乎火。

【王肃注】桡,乃教反。熯,呼但反,火气也。(《经典释文》卷二)

172. 故水火不相逮,雷风不相悖。

【异 文】"水火不相逮",王肃本作"水火相逮",无"不"字。(《经典释文》卷二)

173. 乾天也,故称乎父;坤地也,故称乎母。震一索而得男,故谓之长男;巽一索而得女,故谓之长女。坎再索而得男,故谓之中男;离再索而得女,故谓之中女。艮三索而得男,故谓之少男;兑三索而得女,故谓之少女。

【王肃注】索,求也。以乾坤为父母而求其子也。得父气者为男,得母气者为女。坤初求得乾气为震,故曰长男;坤二求得乾气为坎,故曰中男;坤三求得乾气为艮,故曰少男。乾初求得坤气为巽,故曰长女;乾二求得坤气为离,故曰中女;乾三求得坤气为兑,故曰少女。(《周易正义》卷九)

174. 震为雷,为龙,为玄黄,为旉。

【王肃注】旉,音孚。(《经典释文》卷二)旉,华之通名,铺为华貌,谓之薂。(《六书故》卷三十三)

175. 巽为木,……为不果,为臭。

【异 文】"为臭",王肃本作"为香臭"。(《经典释文》卷二)

【王肃注】取其风所发也,又取下风之远闻。(《周易正义》卷九)

176. 坎为水,为沟渎,为隐伏,为矫輮,……为亟心,为下首。

【王肃注】輮,奴又反,又女九反,又如又反。亟,去记反。(《经典释文》卷二)

177. 艮为山,为径路,……为黔喙之属。

【王肃注】黔,其严反。(《经典释文》卷二)

序 卦 传

178. 屯者盈也,屯者物之始生也。

【王肃注】屯,刚柔始交而难生,故为物始生也。(《周易正义》卷九)

179. 豫必有随，故受之以《随》。

【王肃注】欢豫，人必有随。随者，皆以为人君喜乐欢豫，则以为人所随。(《周易正义》卷九)

180. 不养则不可动，故受之以大过。

【王肃注】过莫大于不养 (《周易正义》卷九)

杂 卦 传

181.《随》无故也，《蛊》则饬也。

【异 文】"饬"，王肃本作"饰"。(《经典释文》卷二)

第二章　王肃《尚书注》

尚　书　序

1.《尚书》

【王肃注】上所言，史所书，故曰《尚书》。(《尚书正义》卷一) 上所言，下为史所书，故曰《尚书》。(《经典释文》卷一)

虞　夏　书

尧　典

2. 曰若稽古，帝尧曰放勋。

【王肃注】稽古，尧顺考古道而行之。(《三国志》卷四)

【考　证】《三国志·魏书》云："讲《易》毕，复命讲《尚书》。帝问曰：郑玄曰'稽古同天，言尧同于天也'，王肃云'尧顺考古道而行之'。二义不同，何者为是?"① 按：王肃所云"尧顺考古道而行之"，乃是对《尚书·尧典》"稽古"一词的注释。

3. 分命羲仲，宅嵎夷，曰旸谷。

【王肃注】皆居京师而统之，亦有时述职。(《尚书正义》卷二)

4. 日中星鸟，以殷仲春。

【王肃注】星鸟之属，为昏中之星。(《尚书正义》卷二)

---

① （晋）陈寿著，（南朝宋）裴松之注：《三国志》，中华书局1982年版，第136页。

5. 申命羲叔，宅南交，曰明都。

【王肃注】夏无明都避敬致。(《尚书正义》卷二)

6. 平在朔易。

【王肃注】改易者，谨约盖藏，循行积聚。《诗》"嗟我妇子，曰为改岁，入此室处"，言人物皆易。(《尚书正义》卷二)

7. 日短星昴，以正仲冬。

【王肃注】日永则昼漏六十刻，夜漏四十刻；日短则昼漏四十刻，夜漏六十刻；日中宵中则昼夜各五十刻。(《毛诗正义》卷五)郑知日见之漏，减昼漏五刻，不意马融为传已减之矣。因马融所见而又减之，故日长为五十五刻，因以冬至反之，取其夏至夜刻，以为冬至昼短，此其所以误耳。所宅为孟月，日中日永为仲月，星鸟星火为季月，以殷以正，皆总三时之月，读仲为中，言各正三月之中气也。(《尚书正义》卷二)

8. 期三百有六旬有六日，以闰月定四时成岁。

【王肃注】期，四时是也。一期三百六十五日四分日之一，又入六日之内，举全数以言之，故云三百六十六日也。斗之所建，是为中气，日月所在，斗指两辰之间，无中气，故以为闰也。(《尚书正义》卷二)

9. 帝曰："吁，咈哉，方命圯族。"

【王肃注】方，音放。(《经典释文》卷三)

10. 岳曰："异哉，试可乃已。"帝曰："往钦哉！"

【王肃注】尧意不能明鲧，是以试用。(《三国志》魏志卷四)

11. 师锡帝曰："有鳏在下，曰虞舜。"

【王肃注】虞，地名也。古者将举大事，讯群吏，讯万人，尧将让位，咨四岳，使问群臣，众举侧陋，众皆愿与舜尧计。事之大者，莫过禅让，必应博询吏人，非独在位。(《尚书正义》卷二)

12. 帝曰："我其试哉。"

【王肃注】试之以官。(《尚书正义》卷二)

13. 厘降二女于妫汭，嫔于虞。

【王肃注】妫汭，虞地名。(《水经注》卷四)

舜 典

14. 慎徽五典，五典克从。

【王肃注】徽，美。(《经典释文》卷三)

15. 纳于大麓，烈风雷雨弗迷。

【王肃注】麓，录也。(《经典释文》卷三)尧纳舜于尊显之官，大录万机之政也。(《宋书》卷三十九)

16. 询事考言，乃言厎可绩。

【王肃注】厎，致也。①(《经典释文》卷三、《文选》卷五十五李善注)

17. 正月上日，受终于文祖。

【王肃注】惟殷周改正，易民视听，自夏已上皆以建寅为正。此篇二文不同，史异辞耳。(《尚书正义》卷三)文祖，庙名。(《经典释文》卷三)

18. 肆类于上帝，禋于六宗。

【王肃注】肆，缓也。(《文选》卷十七李善注)上帝，天也。禋，絜祀也。六宗，四时、寒暑、日、月、星、水旱也。(《经典释文》卷三)六宗者，所宗者六，皆洁祀之。埋少牢于太昭，祭时也；相近于坎坛，祭寒暑也；王宫，祭日也；夜明，祭月也；幽禜，祭星也；雩禜，祭水旱也。禋于六宗，此之谓也。(《初学记》卷十三)

19. 辑五瑞。

【王肃注】辑，合也。(《经典释文》卷三)

20. 协时月正日，同律度量衡。

【王肃注】同，齐也；律，六律也。(《经典释文》卷三)

21. 修五礼、五玉、三帛、二生、一死贽。

【王肃注】三帛，纁、玄、黄也。附庸与诸侯之嫡子、公之孤执皮帛，其执之色未详闻。或曰孤执玄，诸侯之嫡子执纁，附庸执黄。(《尚书正义》卷三)

---

① 《经典释文》云："厎音之履反，王云'致也'。"马国翰辑本作"厎音之履反，致也"。据此可知，马氏辑本衍"厎音之履反"五字。

22. 五月南巡守，至于南岳，如岱礼。

【王肃注】五岳，东岳岱、南岳衡、西岳华、北岳恒、中岳嵩高。(《毛诗正义》卷十八)

【考　证】《毛诗正义》云："《孝经钩命决》云'五岳，东岳岱、南岳衡、西岳华、北岳恒、中岳嵩高，是五岳'，又数嵩高之文也。故王肃之注《尚书》，服虔之注《左传》，郑于《大宗伯》注皆然。"① 按：由上可知，王肃注释《尚书》时，亦释"五岳"为"东岳岱、南岳衡、西岳华、北岳恒、中岳嵩高"。

23. 肇十有二州，封十有二山。

【王肃注】舜为冀州之北太广，分置并州。至夏，复为九州，省并州，合于冀州。周之九州，复置并州。(《元和郡县图志》卷十三)

24. 象以典刑，流宥五刑。

【王肃注】谓君不忍刑杀，宥之以远方。(《尚书正义》卷三)

25. 窜三苗于三危，殛鲧于羽山。

【王肃注】三苗，国名也。(《经典释文》卷三) 若待禹治水功成，而后以鲧为无功殛之，是为舜用人子之功而流放其父，则禹之勤劳适足使父致殛，为舜失五典克从之义，禹陷三千莫大之罪，进退无据，亦甚迂哉。(《尚书正义》卷三)

26. 二十有八载，帝乃殂落。

【王肃注】征用三载，其一在征用之年，其余二载与摄位二十八年，凡三十岁也。(《尚书正义》卷三)

27. 月正元日，舜格于文祖，询于四岳。

【王肃注】夏而上，皆寅正。(《路史》后纪卷十一) 月正元日，犹言正月上日，变文耳。《礼》云"令月吉日"，又变文言"吉日令辰"，此之类也。(《尚书正义》卷三)

28. "咨，十有二牧！"曰："食哉惟时，柔远能迩。"

【王肃注】食哉者，所以重之民②。(《太平御览》卷八百四十七) 能安远者，先能安近。(《尚书正义》卷三)

---

① (清)阮元校刻《十三经注疏》，中华书局1980年影印版，第566页。
② "之民"，马国翰辑本作"民食"。

29. 有能奋庸熙帝之载。

【王肃注】载，成也。(《尚书正义》卷三)

30. 帝曰："俞！咨禹，汝平水土，惟时懋哉！"

【王肃注】懋，勉也。(《尚书正义》卷三)

31. 帝曰："弃，黎民阻饥，汝后稷，播时百谷。"

【王肃注】阻，难也。(《经典释文》卷三) 播，敷也。(《尚书正义》卷三)

32. 帝曰："契，百姓不亲，五品不逊，汝作司徒，敬敷五教，在宽。"

【王肃注】五品，五常也。(《史记》卷一裴骃集解)

33. 帝曰："皋陶，蛮夷猾夏，寇贼奸宄。汝作士，五刑有服，五服三就。五流有宅，五宅三居。惟明克允。"

【王肃注】三就，原野也、市朝也、甸师氏也。谓在八议之辟，君不忍杀，宥之以远。惟明，其罪能使之信服。(《尚书正义》卷三)

34. 帝曰："夔！命汝典乐，教胄子。"

【王肃注】胄子，国子也。(《初学记》卷十五)

35. 分北三苗。

【王肃注】三苗之民有赦宥者，复不从化，不令相从，分北流之。(《尚书正义》卷三)

汩作 九共 槀饫

36. 《书序》："帝厘下土，方设居方，别生分类。作《汩作》《九共》九篇、《槀饫》。"

【王肃注】共，己勇反，法也。《汩作》《九共》，故逸。(《经典释文》卷三)

大 禹 谟

37. 《书序》："皋陶矢厥谟，禹成厥功，帝舜申之，作《大禹》《皋陶谟》《益稷》。"

【异　文】"益稷"，王肃本作"弃稷"。(《尚书正义》卷五)

皋　陶　谟

38. 惇叙九族，庶明励翼。

【王肃注】以众贤明为砥砺，为羽翼。（《尚书正义》卷四）

39. 彰厥有常，吉哉！

【王肃注】明其有常则善也，言有德当有恒也。（《尚书正义》卷四）

40. 俊乂在官，百僚师师，百工惟时，抚于五辰，庶绩其凝。

【王肃注】才德过千人为俊，百人为乂。凝，犹定也。（《尚书正义》卷四）

41. 无教逸欲有邦，兢兢业业，一日二日万几。无旷庶官，天工人其代之。

【王肃注】一日二日，犹日日也。天不自下治之，故人代天居之，不可不得其人也。（《尚书正义》卷四）

42. 天秩有礼，自我五礼有庸哉！

【王肃注】五礼，谓王、公、卿、大夫、士。（《尚书正义》卷四）

43. 皋陶曰："予未有知，思曰赞赞襄哉！"

【王肃注】赞赞，犹赞奏也。（《尚书正义》卷四）

益　稷

44. 帝曰："来！禹，汝亦昌言。"禹拜曰："都！帝，予何言？"

【王肃注】帝在上，皋陶陈谋于下已备矣，我复何所言乎？（《尚书正义》卷五）

45. 予决九川距四海。

【王肃注】九川者，九州之川也。（《太平御览》卷六十八）

46. 浚畎浍距川。

【王肃注】依《尔雅》"四尺曰刃"，浍深二刃八尺。（《周礼注疏》卷四十二）

47. 懋迁有无化居。

【王肃注】易居者不得空去，当满而去，当满而来也。（《尚书正义》卷五）

48. 日、月、星、辰、山、龙、华虫作绘。

【王肃注】舜时三辰即画于旌旗，不在衣也，天子山、龙、华虫耳。（《尚书正义》卷五）

49. 弼成五服，至于五千，州十有二师，外薄四海，咸建五长。

【王肃注】五千里者，直方之数，若其回邪委曲，动有倍加之较，是直路五千里也。治洪水辅成之者，谓每服之内，为其小数，定其差品，各有所掌，是禹辅成之也。《周礼》大司马法，二千五百人为师，每州十有二师，通计之，一州用三万人功，总计九州用二十七万庸，庸亦功也。州境既有阔狭，用功必有多少，例言三万人者，大都通率为然，惟言用三万人者，不知用功日数多少。治水四年乃毕，用功盖多矣，不知用几日也。（《尚书正义》卷五）

50. 祖考来格。

【王肃注】祖考来至者，见其光辉也。（《尚书正义》卷五）

禹 贡

51. 冀州既载。

【王肃注】言已赋功属役，载于书籍。（《尚书正义》卷六）

52. 至于衡漳。

【王肃注】衡、漳，二水名。（《尚书正义》卷六）

53. 厥田惟中中。

【王肃注】言其土地各有肥瘠。（《尚书正义》卷六）

54. 岛夷皮服。

【王肃注】岛夷，东北夷国名也。（《尚书正义》卷六）

55. 夹右碣石入于河。

【王肃注】凡每州之下说诸治水者，禹功主于治水，故详记其所治之州、往还所乘涉之水名。（《尚书正义》卷六）

56. 济、河惟兖州。

【王肃注】东南据济，西北距河。不言距济而云据者，则州境东南，踰济水也。（《毛诗正义》卷七）

57. 灉、沮会同。

【王肃注】灉，于用反。（《经典释文》卷三）

58. 厥土赤埴坟。

【王肃注】埴，读曰炽。（《经典释文》卷三）

59. 厥贡惟土五色。

【王肃注】王者取五色土为太社，封四方诸侯，各割其方色土者覆四方也。（《宋书》卷十七）

60. 淮夷蠙珠暨鱼。

【王肃注】淮夷，水名。（《尚书正义》卷六）

61. 惟金三品。

【王肃注】三品，金、银、铜也。（《毛诗正义》卷二十）

62. 瑶、琨、筱、簜。

【王肃注】瑶琨，美石次玉者也。（《尚书正义》卷六）

63. 厥包橘柚，锡贡。

【王肃注】橘与柚锡其命而后贡之，不常入，当继荆州乏无也。（《尚书正义》卷六）

64. 砥、砺、砮、丹。

【王肃注】丹，可以为采。（《尚书正义》卷六）

65. 包匦菁茅。

【王肃注】包，扬州厥包，橘柚从省而可知也。（《尚书正义》卷六）

66. 荥播既猪。

【王肃注】荥播，泽名。（《尚书正义》卷六）

67. 厥土青黎。

【王肃注】青，黑色；黎，小疏也。（《尚书正义》卷六）

68. 西倾因桓是来。

【王肃注】西治倾山，惟因桓水是水①，言无他道也。（《水经注》卷三十六）

---

① "水"字，马国翰辑本作"来"。

69. 黑水、西河惟雍州。

【王肃注】西据黑水，东距西河。（《尚书正义》卷六）

70. 西戎即叙。

【王肃注】崐崘在临羌西，析支在河关西。西戎，西域也。① （《尚书正义》卷六）

71. 导岍及岐。

【王肃注】三条：导岍北条，西倾中条，嶓冢南条。（《尚书正义》卷六）

72. 同为逆河。

【王肃注】同逆一大河，纳之于海。（《尚书正义》卷六）

73. 过三澨。

【王肃注】三澨，水名也。（《水经注》卷四十）

74. 又东至于醴。

【王肃注】醴，水名。（《史记》卷二裴骃集解）

75. 导渭自鸟鼠同穴。

【王肃注】鸟鼠同穴，皆山名。（《毛诗正义》卷六）

76. 五百里荒服，三百里蛮，二百里流。

【王肃注】政教荒忽，因其故俗而治之。蛮，慢也，礼仪简慢。② 贾、马既失其实，郑玄尤不然矣。禹之功在平治山川，不在拓境广土，土地之广三倍于尧，而书传无称也。则郑玄创造，难可据信。汉之孝武，疲弊中国，甘心夷狄，天下户口至减大半，然后仅开缘边之郡而已。禹方忧洪水，三过其门不入，未暇以征伐为事，且其所以为服之名，轻重颠倒，远近失所，难得而通矣。先王规方千里，以为甸服，其余均分之，公、侯、伯、子、男，使各有寰宇，而使甸服之外诸侯皆入禾藁，非其义也。史迁之旨，盖得之矣。（《尚书正义》卷六）

---

① "崐崘在临羌西，析支在河关西"一句，马国翰辑本漏辑。

② "政教荒忽，因其故俗而治之。蛮，慢也，礼仪简慢"两句，马国翰辑本漏辑。

甘　誓

77. 有扈氏。

【王肃注】有扈与夏同姓。(《尚书正义》卷七)

商　书

【王肃注】契孙相土居商丘，故汤以为国号①。(《春秋左传正义》卷三十)

咸有一德

78.《书序》："伊尹作《咸有一德》。"

【王肃注】君臣皆有一德。(《史记》卷三裴骃集解)

盘　庚

79. 盘庚

【王肃注】不言诰，何也？取其徙而立功，非但录其诰。② (《尚书正义》卷二) 取其徙而立功，故但以"盘庚"名篇。(《尚书正义》卷九)

80. 盘庚迁于殷。

【王肃注】自祖乙五世至盘庚元兄阳甲，宫室奢侈，下民邑居垫隘，水泉泻卤，不可以行政化，故徙都于殷。(《尚书正义》卷九)

81. 于今五邦。

【王肃注】汤自商徙亳，数商、亳、嚣、相、耿为五。(《尚书正义》卷九)

82. 今汝聒聒。

【王肃注】聒聒，善自用之意也。(《尚书正义》卷九)

---

① "故汤以为国号"，马国翰辑本作"故汤取商为号"。
② "诰"字，马国翰辑本作"语"。

83. 迟任有言曰。

【王肃注】迟任，古老成人。（《尚书正义》卷九）

84. 盘庚作，惟涉河以民迁。

【王肃注】为此思南渡河之事。（《尚书正义》卷九）

85. 汝万民乃不生生，暨予一人猷同心。

【王肃注】生生，进进。进进，同心愿乐之意。（《尚书正义》卷九）

86. 今予告汝不易。

【王肃注】告汝以命之，不易为难。（《尚书正义》卷九）

87. 懋建大命。

【王肃注】勉立大教，建性命，致之五福。（《尚书正义》卷九）

88. 鞠人谋人之保居，叙钦。

【王肃注】鞠，养也，言能谋养人安其居者，我则次序而敬之。（《尚书正义》卷九）

高宗肜日

89. 祖己曰："惟先格王，正厥事。"

【王肃注】祖己，言于王。① （《尚书正义》卷十）

90. 典祀无丰于昵。

【王肃注】高宗丰于祢，故有雊雉升远祖成汤庙鼎之异。（《尚书正义》卷十）

西伯戡黎

91. 西伯既戡黎。

【王肃注】王者中分天下，为二公总治之，谓之二伯，得专行征伐，文王为西伯，黎侯无道，文王伐而胜之。（《尚书正义》卷十）

微　子

92. 微子若曰：父师、少师……

【王肃注】微，国名；子爵，入为王卿士。（《尚书正义》卷十）

---

① "言于王"，马国翰辑本作"告于王"。

93. 卿士师师非度。

【王肃注】卿士以下转相师效，为非法度之事也。（《尚书正义》卷十）

94. 今尔无指告予，颠隮，若之何其？

【王肃注】无意告我也，是微子求教诲也。（《史记》卷三十八裴骃集解）隮，隮沟壑。（《尚书正义》卷十）

周　书

泰　誓

95.《书序》："惟十有一年，武王伐殷，一月戊午，师渡孟津，作《泰誓》三篇。"

【王肃注】《泰誓》，武王以大道誓众。（《尚书正义》卷十一）《泰誓》近得，非其本经。（《尚书正义》卷十一）

96. 司马在前。

【王肃注】司马，太公也。（《毛诗正义》卷十六）

牧　誓

97. 千夫长，百夫长。

【王肃注】师长，卒长。（《尚书正义》卷十一）

98. 弗迓克奔，以役西土。

【异　文】"迓"，王肃本作"御"。（《尚书正义》卷十一）

【王肃注】不御能奔走者，如殷民欲奔走来降者，无逆之；奔走去者，可不御止。役，为也，尽力以为我西土。（《尚书正义》卷十一）

洪　范

99.《书序》："武王胜殷，杀受，立武庚，以箕子归。作《洪范》。"

【王肃注】箕子，纣之诸父。（《尚书正义》卷十）

100. 惟天阴骘下民，相协厥居，我不知其彝伦攸叙。

【王肃注】阴，深也，言天深定下民，与之五常之性，王者当助天和合

其居所行天之性，我不知常道伦理所以次叙，是问承天顺民，何所由？（《尚书正义》卷十二）

101. 次三曰农用八政。

【王肃注】农，食之本也，食为八政之首，故以农言之。（《尚书正义》卷十二）

102. 水曰润下，火曰炎上。

【王肃注】水之性润万物而退下，火之性炎盛而升上。（《尚书正义》卷十二）

103. 土爰稼穑。

【王肃注】种之曰稼，敛之曰穑。（《史记》卷三十八裴骃集解）

104. 思曰睿。

【王肃注】睿，通也，思虑苦其不深，故必深思使通于微也。（《尚书正义》卷十二）

105. 明作哲。

【异　文】"哲"，王肃本作"悊"。（《尚书正义》卷十二）

【王肃注】悊，智也。（《尚书正义》卷十二）

106. 七曰宾。

【王肃注】宾，掌宾客之官也。（《尚书正义》卷十二）

107. 五曰历数。

【王肃注】日月星辰所行，布而数之，所以纪度数是也。（《尚书正义》卷十二）

108. 人之有能有为，使羞其行，而邦其昌。

【王肃注】使进其行，任之以政，则国为之昌。（《史记》卷三十八裴骃集解）

109. 是顺是行，以近天子之光。

【王肃注】民纳言于上而得中者，则顺而行之。近，犹益也，顺行民言，所以益天子之光。（《史记》卷三十八裴骃集解）

110. 曰天子作民父母，以为天下王。

【王肃注】政教务中，民善是用，所以为民父母，而为天下所归往。

(《史记》卷三十八裴骃集解)

111. 六三德：一曰正直，二曰刚克，三曰柔克。

【王肃注】正直能正人之曲直，刚能立事，和柔能治。① （《尚书正义》卷十二）

112. 惟辟作福，惟辟作威，惟辟玉食。

【王肃注】辟，君也，不言"王"者，关诸侯也。诸侯于国，得专赏罚。（《尚书正义》卷十二）

113. 臣之有作福作威玉食，其害于而家，凶于而国。

【王肃注】大夫称家，言秉权之臣必灭家，复害其国也。（《尚书正义》卷十二）

114. 稽疑：择建立卜筮人。

【王肃注】言将考疑事，选择可立者，立为卜人、筮人。（《尚书正义》卷十二）

115. 曰雨，曰霁，曰蒙，曰驿，曰克。

【异　文】"蒙"，王肃本作"圉"。"驿"，王肃本作"雺"。（《尚书正义》卷十二）

【王肃注】圉，霍驿消减如云阴。雺，天气下，地不应，暗冥也。克，兆相侵入，盖兆为二拆，其拆相交也。（《尚书正义》卷十二）

116. 卜五，占用二，衍忒。

【王肃注】卜五者，筮短龟长，故卜多而筮少。占用二者，以贞悔占六爻。衍忒者，当推衍其爻义，以极其意。（《尚书正义》卷十二）

117. 曰豫，恒燠若。

【异　文】"豫"，王肃本作"舒"。（《尚书正义》卷十二）

【王肃注】舒，惰也。（《尚书正义》卷十二）

118. 曰蒙，恒风若。

【王肃注】蒙，瞀蒙也。（《尚书正义》卷十二）

---

① 按：此条为孔安国注，《尚书正义》疏此条曰："王肃意与孔同。"故亦将其列为王肃经注。

119. 日月之行，则有冬有夏。

【王肃注】日月行有常度，君臣礼有常法，以齐其民。(《尚书正义》卷十二)

120. 四曰攸好德。

【王肃注】言人君所好者，道德为福。(《尚书正义》卷十二)

金 滕

121. 既克商二年。

【王肃注】克殷明年。(《尚书正义》卷十三)

122. 启籥见书。

【王肃注】籥，开藏占兆书管也。(《尚书正义》卷十三)

123. 周公居东二年，则罪人斯得。

【王肃注】东，洛邑也。管蔡与商奄共叛，故东征，镇抚之。案验其事，二年之间，罪人皆得。(《尚书正义》卷十三)或曰《诗》序三年而归，此言居东二年，其错何也？曰：《书》言其罪人斯得之年，《诗》言其归之年也。(《毛诗正义》卷八)

124. 二公命邦人，凡大木所偃，尽起而筑之，岁则大熟。

【王肃注】筑，拾也。禾为大木所偃者，起其木，拾下禾，无所亡失。(《尚书正义》卷十三)文王十五而生武王，九十七而终，时受命九年，武王八十三矣。十三年伐纣，明年有疾，时年八十八矣。九十三而崩，以冬十二月，其明年称元年。周公摄政，遭流言，作《大诰》而东征。二年克殷，杀管、蔡。三年而归，制礼作乐。出入四年，至六年而成。七年营洛邑，作《康诰》《召诰》《洛诰》，致政成王。然则文王崩之年，成王已三岁，武王八十而后有成王。武王崩时，成王已十三。周公摄政七年致政，成王年二十。(《毛诗正义》卷八)

大 诰

125. 王若曰：猷，大诰尔多邦。

【王肃注】称成王命，故称王。(《礼记正义》卷三十一)

126. 天降割于我家不少，延。

【王肃注】延，害不少，乃延长之。(《尚书正义》卷十三)

127. 洪惟我幼冲人，嗣无疆大历服。

【王肃注】惟，念，大念我幼童子与继文、武无穷之道。(《尚书正义》卷十三)

【考　证】《尚书正义》云："王肃又以'惟'为'念'，向下为义，大念我幼童子与继文、武无穷之道。"① 按：此注，《尚书正义》不是对王肃经注的直接引用，而是一种便于行文表述的间接引用，故此条略作概括，与原文稍异。

128. 殷小腆，诞敢纪其叙②。

【王肃注】腆，主也。殷小主，谓禄父也。大敢纪其王业，经纪王业，望复之也。(《尚书正义》卷十三)

129. 天降威，知我国有疵。

【王肃注】天降威者，谓三叔流言，当诛伐之。疵，知我国有疵病之瑕。(《尚书正义》卷十三)

130. 我有大事，休！朕卜并吉。

【王肃注】何以言美？以三龟一习吉。(《尚书正义》卷十三)

131. 爽邦由哲。亦惟十人迪知上帝命。

【王肃注】我未伐而知民弗救者，以民十夫用知天命故也。(《尚书正义》卷十三)

132. 惟大艰人，诞邻胥伐于厥室，尔亦不知天命不易。

【王肃注】惟大为难之人，谓管蔡也。大近相伐于其室家，明不可不诛也。管蔡犯天诛而汝不欲伐，则亦不知天命之不易也。(《尚书正义》卷十三)

133. 率宁人有旨疆土，矧今卜并吉。

【王肃注】顺文王安人之道，有旨意尽天下疆土使皆得其所，不必须卜筮也。况今卜三龟皆吉，明不可不从也。(《尚书正义》卷十三)

---

① (清) 阮元校刻《十三经注疏》，第198页。
② "叙"，马国翰辑本误作"续"。

康　诰

134. 《书序》："成王既伐管叔、蔡叔，以殷余民封康叔，作《康诰》《酒诰》《梓材》。"

【王肃注】康，国名，在千里之畿内。既灭管、蔡，更封为卫侯。(《毛诗正义》卷二) 康，圻内国名。(《尚书正义》卷十四)

召　诰

135. 乃复入锡周公曰：拜手稽首，旅王若公。

【王肃注】为戒成王锡周公。(《尚书正义》卷十五)

136. 厥终，智藏瘝在。

【王肃注】瘝，病。(《尚书正义》卷十五)

137. 夫知保抱携持厥妇子，以哀呼天。

【王肃注】匹夫知欲安其室，抱其子，携其妻，以悲呼天也。(《尚书正义》卷十五)

138. 自服于土中。

【王肃注】自，用。(《尚书正义》卷十五)

139. 旦曰：其作大邑，其自时配皇天。

【王肃注】旦，周公名也，《礼》君前臣名，故称周公之言为"旦曰"。(《尚书正义》卷十五)

140. 我不敢知曰。

【王肃注】言我不敢独知者，其意言亦是王所知也。(《尚书正义》卷十五)

141. 予小臣，敢以王之雠民百君子，越友民，保受王威命明德。

【王肃注】我小臣，召公自谓。(《尚书正义》卷十五)

洛　诰

142. 咸秩无文。

【王肃注】秩，序也。(《文选》卷三李善注)

143. 乃汝其悉自教工。

【王肃注】此其尽自教百官，谓正身以先之。(《尚书正义》卷十五)

144. 汝乃是不蘉。

【王肃注】蘉，勉也。(《尚书正义》卷十五)

145. 旁作穆穆迓衡。

【王肃注】迓，鱼据反。(《尚书正义》卷十五)

146. 王曰："公，予小子其退，即辟于周，命公后。"

【王肃注】成王前春亦俱至洛邑，是顾无事，既会而还宗周。周公往营成周，还来致政成王也。(《尚书正义》卷十五)

147. 王宾杀禋咸格，王入太室，裸。

【王肃注】成王尊周公，不敢臣之，以为宾，故封其子。太室，清庙中央之室。(《尚书正义》卷十五)

多 士

148. 非我小国，敢弋殷命。

【异 文】"弋"，王肃本作"翼"。(《尚书正义》卷十六)

【王肃注】翼，取也。(《尚书正义》卷十六)

149. 肆予敢求尔于天邑商。

【王肃注】言商今为我之天邑。(《尚书正义》卷十六)

150. 予大降尔四国民命。

【王肃注】君为民命，为君不能顺民意，故诛之也。(《尚书正义》卷十六)

151. 尔厥有干有年于兹洛。

【王肃注】汝其有安事，有长久年于此洛邑。(《尚书正义》卷十六)

无 逸

152. 其在祖甲。

【王肃注】祖甲，汤孙太甲也。(《史记》卷三十三裴骃集解)

153. 肆祖甲之享国三十有三年。

【王肃注】先中宗后祖甲，先盛德后有过也。(《史记》卷三十三裴骃集解)

154. 文王受命惟中身。

【王肃注】文王受命，嗣位为君，不言受王命也。(《尚书正义》卷十六)

155. 则皇自敬德。

【异　文】"皇"，王肃本作"况"。

【王肃注】况，滋益，用敬德也。(《尚书正义》卷十六)

156. 不永念厥辟。

【王肃注】辟，扶亦反，不长念其刑辟，不当加无罪也。(《尚书正义》卷十六)

君　奭

157. 又曰：天不可信。我道惟宁王德延。

【王肃注】周公重言，故称"又曰"。重言天不可信，明己之留，盖畏其天命。宁王者，即文王也。(《尚书正义》卷十六)

158. 率惟兹有陈，保乂有殷。

【王肃注】循此数臣，有陈列之功，安治有殷也。(《史记》卷三十四裴骃集解)

159. 王人罔不秉德明恤。

【王肃注】王人，犹君人也，无不持德立业。(《尚书正义》卷十六)

160. 小臣屏侯甸。

【王肃注】小臣，臣之微者，举小以明大也。(《尚书正义》卷十六)

161. 天寿平格，保乂有殷。

【王肃注】殷君臣之有德，故安治有殷。言是者，不可不法殷家有良臣也。(《尚书正义》卷十六)

多　方

162. 周公曰：王若曰。

【王肃注】周公摄政，称成王命以告。及还政，称"王曰"，嫌自成王

辞，故加"周公"以明之。(《尚书正义》卷十七)

163. 因甲于内乱。

【异　文】"甲"，王肃本作"狎"。(《尚书正义》卷十七)

【王肃注】狎习灾异于内外，为祸乱。(《尚书正义》卷十七)

164. 乃惟成汤克以尔多方简，代夏作民主。

【王肃注】以大道代夏为民主。(《尚书正义》卷十七)

165. 我惟大降尔四国民命。

【王肃注】四国，四方之国，言从今以后，四方之国苟有此罪，则必诛之，谓戒其将来之事。(《尚书正义》卷十七)

166. 克阅于乃邑谋介。尔乃自时洛邑，尚永力畋尔田。

【王肃注】其无成，虽五年亦不得反也。(《尚书正义》卷十七)

立　政

167. 周公若曰："拜手稽首，告嗣天子王矣。"用咸戒于王曰："王左右常伯、常任、准人、缀衣、虎贲。"周公曰："呜呼！休兹知恤，鲜哉！"

【王肃注】于时，周公会群臣，共戒成王，其言曰"拜手稽首"者，是周公赞群臣之辞。此五官美哉，是"休兹"为美此五官也。(《尚书正义》卷十七)

168. 古之人迪惟有夏。

【王肃注】古之人道，惟有夏之大禹为天子也。(《尚书正义》卷十七)

169. 帝钦罚之。

【王肃注】敬罚者，谓须暇五年。(《尚书正义》卷十七)

170. 立政：任人、准夫、牧作三事。

【王肃注】文王所以立政：任人，常任也；准夫，准人也；牧者，诸侯之长也。(《尚书正义》卷十七)

171. 夷微、卢烝，三亳、阪尹。

【王肃注】蛮夷微、卢之众帅，及亳人之归文王者三所，为之立监，及阪地之尹长，皆用贤。(《尚书正义》卷十七)

【考　证】此条经注，为孔安国注，《尚书正义》疏解孔注后云："郑、王所说，皆与孔同。"① 故此条孔注亦可视为王肃注。

172. 则克宅之，克由绎之，兹乃俾乂。

【王肃注】能居之在位，能用陈其才力，如此故能使天下治也。（《尚书正义》卷十七）

顾 命

173. 乃同召太保奭、芮伯、彤伯、毕公、卫侯、毛公、师氏、虎臣、百尹、御事。……越翼日乙丑，王崩。

【王肃注】彤，姒姓之国，其余五国姬姓。毕、毛，文王庶子。卫侯，康叔所封武王母弟。治事，盖群士也。（《尚书正义》卷十八）

174. 越七日癸酉，伯相命士须材。

【王肃注】召公为二伯，相王室，故曰伯相。（《尚书正义》卷十八）

175. 牖间南向，敷重篾席，黼纯，华玉仍几。

【王肃注】篾席，纤蒻苹席。此见群臣、觐诸侯之坐。（《尚书正义》卷十八）

176. 西序东向，敷重厎席，缀纯，文贝仍几。

【王肃注】厎席，青蒲席也。此旦夕听事之坐。（《尚书正义》卷十八）

177. 东序西向，敷重丰席，画纯，雕玉仍几。

【王肃注】丰席，莞。此养国老、飨群臣之坐。（《尚书正义》卷十八）

178. 西夹南向，敷重笋席，立粉纯，漆仍几。

【王肃注】此亲属私宴之坐。（《尚书正义》卷十八）

179. 越玉五重，陈宝，赤刀、大训、弘璧、琬琰，在西序。

【王肃注】大训，《虞书》典谟。（《尚书正义》卷十八）

180. 大玉、夷玉、天球、河图，在东序。

【王肃注】夷玉，东夷之美玉；天球，玉磬也；河图，八卦也。（《尚书正义》卷十八）

① （清）阮元校刻《十三经注疏》，第 232 页。

181. 大辂在宾阶面，缀辂在阼阶面，先辂在左塾之前，次辂在右塾之前。

【王肃注】不陈戎辂者，兵事非常，故不陈之。(《尚书正义》卷十八)

182. 二①人雀弁执惠，立于毕门之内。四人綦弁，执戈上刃，夹两阶戺。一人冕执刘，立于东堂。一人冕执钺，立于西堂。一人冕执戣，立于东垂。一人冕执瞿，立于西垂。一人冕执锐，立于侧阶。

【王肃注】惠、戈、刘、钺、瞿、锐，皆兵器之名也。綦②，赤黑色。侧阶，东下阶也。(《尚书正义》卷十八)

183. 率循大卞。

【王肃注】大卞，大法也。(《尚书正义》卷十八)

184. 王三宿，三祭，三咤。

【王肃注】咤，奠爵。(《尚书正义》卷十八)

康王之诰

185. 毕公率东方诸侯入应门右。

【王肃注】毕公代周公为东伯，故率东方诸侯。(《尚书正义》卷十九)

186. 诞受羑若。

【王肃注】羑，道也。(《尚书正义》卷十九)

187. 无坏我高祖寡命。

【王肃注】美文王少有及之，故曰寡有也。(《尚书正义》卷十九)

188. 昔君文武丕平富。

【王肃注】文武道大，天下以平，万民以富是也。(《尚书正义》卷十九)

189. 厎至齐，信用昭明于天下。

【王肃注】厎至齐，立大中之道也。(《尚书正义》卷十九)

吕　刑

190. 折民惟刑。

【王肃注】折，音惹。(《经典释文》卷四、《尚书正义》卷十九)

---

① "二"字，马国翰辑本误作"三"。
② "綦"字，马国翰辑本误作"骐"。

191. 今尔何监？非时伯夷播刑之迪？

【王肃注】伯夷道之以礼，齐之以刑。（《尚书正义》卷十九）

192. 在今尔安百姓，何择非人？何敬非刑？何度非及？

【王肃注】训以安百姓之道，当何所选择乎？非当选择贤人乎？（《史记》卷四裴骃集解）度，谋也，非当与主狱者谋虑刑事，度世轻重所宜也？（《尚书正义》卷十九）

193. 墨辟疑赦，其罚百锾，阅实其罪。

【王肃注】六两为锾。（《周礼注疏》卷四十）

文侯之命

194. 《书序》："平王锡晋文侯秬鬯、圭瓒，作《文侯之命》。"

【王肃注】幽王既灭，平王东迁，晋文侯、郑武公夹辅王室，晋为大国功重，故平王命为侯伯。（《尚书正义》卷二十）

195. 闵予小子嗣，造天丕愆。殄资泽于下民，侵戎我国家纯。

【王肃注】遭天之大愆，谓幽王为犬戎所杀，殄绝其先祖之泽于下民。侵犯兵寇伤我国家甚大，谓犬戎也。（《尚书正义》卷二十）

196. 汝多修扞我于艰，若汝，予嘉。

【王肃注】如汝之功，我所善也。（《尚书正义》卷二十）

费 誓

197. 徂兹，淮夷徐戎并兴。

【王肃注】皆纣时错居中国。（《尚书正义》卷二十）

198. 敿乃干，无敢不吊。

【王肃注】敿楯当有纷系持之。（《尚书正义》卷二十）

199. 杜乃擭，敜乃穽，无敢伤牿。

【王肃注】杜，闭也。擭，所以捕禽兽机槛之属。敜，塞也。穽，穿地为之，所以陷堕之，恐害牧牛马，故使闭塞之。（《尚书正义》卷二十）

200. 鲁人三郊三遂。

【王肃注】邑外曰郊，郊外曰遂，不言四者，东郊留守，故言三也。

(《史记》卷三十三裴骃集解)

201. 汝则有无余刑，非杀？

【王肃注】汝则有无余刑，父母、妻子，同产皆坐之，无遗免之者，故谓无余之刑。然入于罪隶，亦不杀之。(《尚书正义》卷二十)

秦　誓

202. 我心之忧，日月逾迈，若弗云来。

【王肃注】年已衰老，恐命将终，日月遂往，若不云来，将不复见日月，虽欲改过无所及，益自恨改过迟晚、深自咎责之辞。(《尚书正义》卷二十)

203. 昧昧我思之，如有一介臣，断断猗无他技，其心休休焉，其如有容。

【王肃注】一介，耿介，一心端悫。断断，守善之貌，无他技能，徒守善而已。休休，好善之貌。其如是，人能有所容忍小过，宽则得众，穆公疾技巧多端，故思断断无他技者。(《尚书正义》卷二十)

第三章 王肃《毛诗注》

1.《毛诗序》："哀窈窕，思贤才，而无伤害之心焉。"

【王肃注】善心曰窈，善容曰窕。（《经典释文》卷五）哀窈窕之不得，思贤才之良质，无伤善之心焉，若苟慕其色，则善心伤也。（《毛诗正义》卷一）

国风·周南

关 雎

2. 左右流之。

【王肃注】左右，如字。（《经典释文》卷五）

3. 寤寐思服。

【王肃注】服，膺思念之。（《毛诗正义》卷一）

4. 钟鼓乐之。

【王肃注】自《关雎》至《芣苢》，后妃房中之乐。①（《毛诗正义》诗谱序）

葛 覃

5. 葛之覃兮，施于中谷。

【王肃注】葛生于此，延蔓于彼，犹女之当外成也。（《毛诗正义》卷一）

---

① 此条，黄奭辑本列于经文"芣苢，后妃之美也"条。马国翰辑本于此条后续有"房中之乐，弦歌。《周南》《召南》而不用钟磬之节"一句。按：此句为《仪礼·燕礼》郑玄之注，非王肃之语，属马国翰误辑。

6. 薄污我私，薄浣我衣。

【王肃注】烦撋、浣濯其私衣。①（《毛诗正义》卷一）

芣苢

7. 芣苢，后妃之美也。

【王肃注】芣苢，木也，实似李，食之宜子，出于西戎。②（《毛诗正义》卷一）

8. 采采芣苢。

【王肃注】《周书·王会》云："芣苢如李，出于西戎。"（《毛诗正义》卷一）

汝坟

9. 未见君子，惄如调饥。

【王肃注】饥而又饥，饥之甚也。③（《毛诗集解》卷二）

10. 鲂鱼赪尾，王室如毁。

【王肃注】当纣之时，大夫行役。（《毛诗正义》卷一）

国风·召南

鹊巢

11. 百两御之。

【王肃注】御，鱼据反，侍也。（《经典释文》卷五）

采苹

12. 于以奠之？宗室牖下。

【王肃注】此篇所陈，皆是大夫妻助夫氏之祭，采苹藻以为菹，设之于

---

① 此条，黄奭辑本有，马国翰辑本无。
② 此条，黄奭辑本有，马国翰辑本无。
③ 此条，马国翰辑本有，黄奭辑本无。

奥。(《毛诗正义》卷一)

13. 谁其尸之？有齐季女。

【王肃注】《毛传》"礼之宗室"谓"教之以礼于宗室"，本之季女，取微主也。其《毛传》所云"牲用鱼，芼之以苹藻"，亦谓教成之祭，非经文之苹藻也。(《毛诗正义》卷一)

羔　羊

14. 退食自公。

【王肃注】自减膳食，圣人有逼下之讥。① (《毛诗正义》卷一)

摽　有　梅

15.《摽有梅》，男女及时也。召南之国，被文王之化，男女得以及时也。

【异　文】"摽"，王肃本作"标"。

【王肃注】前贤有言，丈夫二十不敢不有室，女子十五不敢不事人。(《毛诗正义》卷一)《标有梅》之诗，殷纣暴乱，娶失其盛时之年，习乱思治，故戒文王能使男女得及其时。② (《周礼注疏》卷十四)

国风·邶风

16.《邶鄘卫谱》云："庶殷顽民，被纣化日久，未可以建诸侯，乃三分其地，置三监，使管叔、蔡叔、霍叔尹而教之。"

【王肃注】邶以封纣子武庚，鄘管叔尹之，卫蔡叔尹之，以监殷民，谓之三监。③ (《毛诗正义》卷二)

17.《邶鄘卫谱》云："自纣城而北谓之邶，南谓之鄘，东谓之卫。"

【王肃注】鄘，在纣都之西。(《毛诗正义》卷二)

---

① 此条，黄奭辑本有，马国翰辑本无。
② 此条，黄奭辑本有，马国翰辑本无。
③ 此条为《地理志》之语，《毛诗正义》卷二引《地理志》，并云："王肃、服虔皆依《志》为说。"

柏　舟

18. 泛彼柏舟，亦泛其流。

【王肃注】泛，流貌。① (《经典释文》卷五)

绿　衣

19. 绿兮衣兮，绿衣黄里。

【王肃注】夫人正嫡而幽微，妾不正而尊显。(《毛诗正义》卷二)

日　月

20. 逝不相好。

【王肃注】相好，如字。(《经典释文》卷五)

终　风

21. 寤言不寐，愿言则嚏。

【王肃注】愿以母道往加之，则嚏踞而不行。(《毛诗正义》卷二)

击　鼓

22. 死生契阔，与子成说；执子之手，与子偕老。

【王肃注】言国人室家之志，欲相与从生死②，契阔勤苦而不相离，相与成男女之数，相扶持俱老。(《毛诗正义》卷二)

23. 于嗟洵兮。

【王肃注】"爰居"而下三章，卫人从军者与其室家诀别之辞。(《诗本义》卷二)

匏有苦叶

24. 雝雝鸣雁，旭日始旦。

【王肃注】亲迎用昏而曰旭日者，《诗》以鸣雁之时纳采，以感时而亲

---

① 此条，马国翰辑本有，黄奭辑本无。

② "生死"，马国翰、黄奭辑本皆作"生至死"。

迎。①（《毛诗正义》卷二）

25. 士如归妻，迨冰未泮。

【王肃注】旧说云士如归妻，我尚及冰未泮，定纳。②（《周礼注疏》卷十四）

谷 风

26. 不我能慉。

【王肃注】慉，养也。③（《经典释文》卷五）

简 兮

27. 日之方中。

【王肃注】教国子弟以日中为期，欲其遍至。（《毛诗正义》卷二）

泉 水

28. 遄臻于卫，不瑕有害？

【王肃注】言愿疾至于卫，不远礼义之害。（《毛诗正义》卷二）

静 女

29. 彤管有炜，说怿女美。

【王肃注】嘉彤管之炜炜然，喜乐其成女美也。（《毛诗正义》卷二）说音悦，怿音亦。（《经典释文》卷五）

新 台

30. 籧篨不鲜。

【王肃注】鲜，少也。（《毛诗正义》卷二）

---

① 此条，黄奭辑本有，马国翰辑本无。
② 此条，黄奭辑本有，马国翰辑本无。
③ 此条，黄奭辑本有，马国翰辑本无。

31. 蘵䕲不殄。

【王肃注】殄，亦少也。（《毛诗正义》卷二）

国风·鄘风

32. 鄘

【王肃注】王城以西曰鄘。（《经典释文》卷五）

君子偕老

33. 玼兮玼兮。

【王肃注】玼，颜色衣服鲜明貌。（《经典释文》卷五）

34. 瑳兮瑳兮。

【王肃注】好美衣服洁白之貌。① （《经典释文》卷五）

干 旄

35. 良马五之。

【王肃注】古者一辕之车驾三马，则五辔。其大夫皆一辕车，夏后氏驾两，谓之丽；殷益以一骖，谓之骖；周人又益以一骖，谓之驷；本从一骖而来，亦谓之骖，经言骖，则三马之名。（《毛诗正义》卷三）

国风·卫风

36. 卫

【王肃注】卫，纣都之东也。（《经典释文》卷五）

考 槃

37. 考槃在涧，硕人之宽，独寐寤言，永矢弗谖。

【王肃注】穷处山涧之间，而能成其乐者，以大人宽博之德。故虽在山

---

① 此条，马国翰辑本有，黄奭辑本无。

涧，独寐而觉，独言先王之道，长自誓不敢忘也。美君子执德弘通道笃也。歌所以咏志，长以道自誓，不敢过差。（《毛诗正义》卷三）

硕　人

38. 螓首蛾眉。

【王肃注】蜻蜻如蝉而小。（《经典释文》卷五）

氓

39. 秋以为期。

【王肃注】季秋霜降，嫁娶者始于此。《诗》云"将子无怒，秋以为期"也。①（《孔子家语注》卷六）

40. 桑之落矣，其黄而陨。自我徂尔，三岁食贫。

【王肃注】言其色黄而陨坠也。妇人不慎其行，至于色衰，无以自托，我往之汝家，从华落色衰以来，三岁食贫矣。贫者乏食，饥而不充，喻不得志也。（《毛诗正义》卷三）

国风·王风

大　车

41.《大车》，刺周大夫也。礼义陵迟，男女淫奔，故陈古以刺今。大夫不能听男女之讼焉。

【王肃注】陵迟，犹陂池也。（《孔子家语注》卷一、《文选》卷九李善注引《孔子家语》）

丘中有麻

42. 将其来施施。

【王肃注】将，如字。（《经典释文》卷五）

---

① 此条，黄奭辑本有，马国翰辑本无。

国风·郑风

清 人

43. 驷介旁旁。

【王肃注】旁旁，强也。(《经典释文》卷五)

羔 裘

44. 舍命不渝。

【王肃注】舍，受也。(《经典释文》卷五)

山有扶苏

45. 山有桥松。

【王肃注】桥，高也。(《经典释文》卷五)

丰

46. 俟我乎堂兮。

【王肃注】升于堂以俟。(《毛诗正义》卷四)

出其东门

47. 有女如荼。

【王肃注】见弃又遭兵革之祸，故皆丧服也。(《毛诗正义》卷四)

野有蔓草

48. 野有蔓草，零露漙兮。

【王肃注】草之所以能延蔓，被盛露也；民之所以能蕃息，蒙君泽也。(《毛诗正义》卷四)

国风·齐风

著

49. 充耳以素乎而。

【王肃注】王后织玄纮，天子之玄纮，一玄而已，何云具五色乎？① （《毛诗正义》卷五）

50. 尚之以琼华乎而。

【王肃注】以美石饰象瑱。（《毛诗正义》卷五）

东方之日

51. 东方之日兮。

【王肃注】言人君之明，盛刺今之昏暗。（《毛诗正义》卷五）

52. 履我即兮。

【王肃注】言古婚姻之正礼，刺今之淫奔。（《毛诗正义》卷五）

南 山

53. 既曰归止，曷又怀止。

【王肃注】文姜既嫁于鲁，适人矣，何为复思与之会而淫乎？（《毛诗正义》卷五）

54. 葛履五两。

【王肃注】两，如字。（《经典释文》卷五）

敝 笱

55. 敝笱在梁，其鱼鲂鳏。

【王肃注】言鲁桓之不能制文姜，若敝笱之不能制大鱼也。（《毛诗正义》卷五）

---

① 此条，黄奭辑本有，马国翰辑本无。

猗 嗟

56. 展我甥兮。

【王肃注】据外祖以言也。① (《毛诗正义》卷五)

国风·魏风

汾 沮 洳

57. 言采其莫。

【王肃注】大夫采菜。(《毛诗正义》卷五)

陟 岵

58. 陟彼岵兮,瞻望父兮。

【王肃注】多草木岵,无草木峐②。(《经典释文》卷五)

【考 证】《尔雅·释山》云:"多草木岵,无草木峐。"《经典释文》云:"岵,音户。毛云'山无草木曰岵',此传及解屺,共《尔雅》不同,王肃依《尔雅》。"《毛诗正义》云:"《释山》云'多草木岵,无草木屺',传言'无草木曰岵',下云'有草木曰屺',与《尔雅》正反,当是转写误也,定本亦然。"由《经典释文》所云可知,王肃释"岵"依《尔雅·释山》,即"多草木岵,无草木峐",故王肃此注的文献出处为《经典释文》。

国风·唐风

蟋 蟀

59. 职思其居。

【王肃注】其居,主思以礼乐自居也。其外,言思无越于礼乐也。其

---

① 此条,黄奭辑本有,马国翰辑本无。
② "峐",《经典释文》《毛诗正义》引作"屺"。

忧，言荒则忧也。（《毛诗正义》卷六）

椒 聊

60. 椒聊之实，蕃衍盈升。

【王肃注】椒，芬芳之物。（《经典释文》卷七）种一实，蕃衍满一升。（《毛诗正义》卷六）

61. 彼其之子，硕大无朋。

【王肃注】朋，必履反，谓无比例也。（《经典释文》卷五）

绸 缪

62. 三星在天。

【王肃注】谓十月也。（《毛诗正义》卷六）

63. 今夕何夕，见此良人？

【王肃注】婚姻不得其时，故思咏嫁娶之夕而欲见此美室也。（《毛诗正义》卷六）

64. 三星在隅。

【王肃注】谓在东南隅，又在十月之后也，谓十一月、十二月也。[①]（《毛诗正义》卷六）

65. 三星在户。

【王肃注】言参星正中直户，谓正月中也。[②]（《毛诗正义》卷六）

66. 见此粲者。子兮子兮，如此粲者何？

【王肃注】言在位者亦不能及礼也。[③]（《毛诗正义》卷六）

羔 裘

67. 岂无他人？维子之故。

【王肃注】我岂无他国可归乎，维念子与我有故旧也。（《毛诗正义》卷六）

---

① 此条，马国翰辑本有，黄奭辑本无。
② 此条，马国翰辑本有，黄奭辑本无。
③ 此条，黄奭辑本有，马国翰辑本无。

葛　生

68. 角枕粲兮，锦衾烂兮。

【王肃注】见夫齐物，感以增思。(《毛诗正义》卷六)

采　苓

国风·秦风

车　邻

69.《诗序》："《车邻》，美秦仲也。秦仲始大，有车马礼乐侍御之好焉。"

【王肃注】秦为附庸，世处西戎。秦仲修德，为宣王大夫，遂诛西戎，是以始大。(《毛诗正义》卷六)

驷　驖

70. 公之媚子。

【王肃注】卿大夫称子。(《毛诗正义》卷六)

小　戎

71. 小戎俴收，五楘梁辀。

【王肃注】小戎，驾两马者。(《经典释文》卷五)

72. 龙盾之合。

【王肃注】合而载之，以为车蔽也。(《毛诗正义》卷六)

蒹　葭

73. 所谓伊人，在水一方。

【王肃注】维得人之道，乃在水之一方，一方难至矣。水以喻礼乐，能

用礼则至于道也。（《毛诗正义》卷六）

晨 风

74. 山有苞栎，隰有六驳。

【王肃注】言六据所见而言也。倨牙者，盖谓其牙倨曲也。言山有木隰有兽，喻国君宜有贤也。（《毛诗正义》卷六）

无 衣

75. 岂曰无衣，与子同袍。

【王肃注】岂谓子无衣乎？乐有是袍，与子为朋友，同共弊之。以兴上与百姓同欲，则百姓乐致其死，如朋友乐同衣袍也。（《毛诗正义》卷六）

76. 王于兴师。

【王肃注】疾其好攻战，不由王命，故思王兴师。（《毛诗正义》卷六）

权 舆

77. 于我乎，夏屋渠渠，今也每食无余。

【王肃注】屋①则立之于先君，食则受之于今君，故居大屋而食无余。（《毛诗正义》卷六）

国风·陈风

东门之枌

78. 谷且于差。

【王肃注】旦，七也反，苟且也。（《经典释文》卷六）

79. 越以鬷迈。

【王肃注】鬷，数绩麻之缕也。（《毛诗正义》卷七）

---

① "屋"字，马国翰辑本同，黄奭辑本作"居"。

衡 门

80. 泌水洋洋，可以乐饥。

【王肃注】洋洋泌水，可以乐道忘饥；巍巍南面，可以乐治忘乱。(《毛诗正义》卷七)

东门之池

81. 可与晤歌。

【王肃注】可以与相遇歌乐室家之事。(《毛诗正义》卷七)

东门之杨

82. 东门之杨。

【王肃注】陈晋①弃周礼，为国乱悲伤，故刺昏姻不及仲春②。(《周礼注疏》卷十四)

株 林

83. 匪适株林，从夏南。

【王肃注】言非欲适株林从夏南之母，反覆言之，疾之也。(《毛诗正义》卷七)

84. 乘我乘驹。

【王肃注】陈大夫孔宁、仪行父与君淫于夏氏。(《毛诗正义》卷七)

国风·桧风

85. 桧

【王肃注】周武王封之于济、洛、河、颍之间，为桧子。(《经典释文》

---

① "晋"字，黄奭辑本无。
② "仲春"，黄奭辑本作"其时"。

卷六）周武王封祝融之后于济、洛、河、颍之间，为桧子。（《诗补传》卷十三、《诗缉》卷十四）

素 冠

86. 庶见素冠兮。

【王肃注】素冠，大祥之冠。（《毛诗正义》卷七）

国风·豳风

七 月

87. 七月

【王肃注】文王崩之年，成王已三岁，致政时年二十，所以知者以周公居摄七年而致政，明是二十成人，故致之耳。致政之时，成王年二十。逆而推之，摄政元年年十四，武王崩年年十三，文王先武王十年而崩，是文王崩之年，成王已三岁也。由此而验之，则武王崩之明年，成王年十四，其年周公摄政，管蔡流言，周公东征之，作《七月》也。（《毛诗正义》卷八）

88. 田畯至喜。

【王肃注】喜，如字。（《经典释文》卷六）

89. 殆及公子同归。

【王肃注】豳君既修其政，又亲使公子躬率其民，同时归也。（《毛诗正义》卷八）

90. 七月鸣鵙。

【王肃注】蝉及鵙皆以五月始鸣，今云七月，其义不通，古五字如七。（《毛诗正义》卷八）七当为五，古文五字似七，故误。（《春秋左传正义》卷四十八）《月令》仲夏鵙始鸣。（《太平御览》卷九百二十三）

鸱 鸮

91. 既取我子，无毁我室。

【王肃注】按经传，内外周公之党具存，成王无所诛杀，横造此言，其非一也；设有所诛，不救其无罪之死，而请其官位土地，缓其大而急其细，其非二也；设已有诛，不得云无罪，其非三也。①（《毛诗正义》卷八）

92. 恩斯勤斯，鬻子之闵斯。

【王肃注】勤，惜也。周公非不爱惜此二子，以其病此成王。（《毛诗正义》卷八）

93. 迨天之未阴雨，彻彼桑土，绸缪牖户。

【王肃注】鸱鸮及天之未阴雨，剥取彼桑根以缠绵其户牖，以兴周室积累之艰苦也。（《毛诗正义》卷八）

94. 今女下民，或敢侮予？

【王肃注】今者，周公时。言先王致此大功，至艰难而其下民敢侵侮我周道，谓管蔡之属不可不遏绝，以全周室。（《毛诗正义》卷八）

95. 曰予未有室家。

【王肃注】我为室家之道至勤苦，而无道之人弱我稚子，易我王室，谓我未有室家之道。（《毛诗正义》卷八）

96. 予室翘翘，风雨所漂摇，予维音哓哓！

【王肃注】言尽力劳病以成攻坚之巢，而为风雨所漂摇，则鸣音哓哓然而惧，以言我周累世积德以成笃固之国，而为凶人所振荡，则己亦哓哓而惧②。（《毛诗正义》卷八）

东　山

97. 勿士行枚。

【王肃注】行，户刚反。（《经典释文》卷六）

98. 仓庚于飞，熠耀其羽。

【王肃注】仓庚，羽翼鲜明，以喻嫁者之盛饰。（《毛诗正义》卷八）

99. 既破我斧，又缺我斨。

【王肃注】今四国乃尽破其用。（《毛诗正义》卷八）

---

① 此条，黄奭辑本有，马国翰辑本无。
② "而惧"，黄奭辑本作"天惧"，误。

伐 柯

100.《诗序》："伐柯，美周公也。周大夫刺朝廷之不知也。"

【王肃注】朝廷，斥成王也。(《毛诗正义》卷八)

101. 伐柯如何？匪斧不克。

【王肃注】能执治国家之斧柄，其唯周公乎！(《毛诗正义》卷八)

102. 伐柯伐柯，其则不远。

【王肃注】言有礼君子恕施而行，所以治人则不远。(《毛诗正义》卷八)

103. 我觏之子，笾豆有践。

【王肃注】我所见之子能以礼治国。践，行列之貌。笾豆，行礼之物也。(《毛诗正义》卷八)

九 罭

104. 九罭之鱼，鳟鲂。

【王肃注】以兴下土小国，不宜久留圣人。(《毛诗正义》卷八)

105. 鸿飞遵渚。

【王肃注】以其周公大圣，有定命之功，不宜久处下土而不见礼迎。(《毛诗正义》卷八)

106. 公归不复。

【王肃注】未得所以反之道。(《毛诗正义》卷八)

107. 无使我心悲兮。

【王肃注】公久不归，则我心悲。(《毛诗正义》卷八)

狼 跋

108. 公孙硕肤，赤舄几几。

【王肃注】言周公所以进退有难者，以俟王之长大有大美之德，能服盛服以行礼也。(《毛诗正义》卷八)

小 雅

鹿 鸣

109. 人之好我，示我周行。

【王肃注】谓群臣嘉宾也。夫饮食以享之，瑟笙以乐之，币帛以将之，则能好爱我，好爱我，则示我以至美之道矣。(《毛诗正义》卷九)

110. 是用作歌，将母来谂。

【王肃注】是用作歌以劳汝，乃来念养母也。① (《毛诗正义》卷九)

皇皇者华

111. 駪駪征夫，每怀靡及。

【王肃注】使臣之行，必有上介，众介虽多，内怀中和之道，犹自以无所及，是以驱驰而咨诹之。(《毛诗正义》卷九)

112. 载驰载驱，周爰咨询。

【王肃注】虽有中和者，即上每虽怀和。(《毛诗正义》卷九)

常 棣

113. 常棣之华，鄂不韡韡。

【王肃注】不韡韡，言韡韡也，以兴兄弟能内睦外御，则强盛而有光耀，若常棣之华发也。(《毛诗正义》卷九)

114. 凡今之人，莫如兄弟。

【王肃注】管蔡之事以次，而为常棣之歌为来今。(《毛诗正义》卷九)

伐 木

115. 伐木丁丁，鸟鸣嘤嘤。

【王肃注】鸟闻伐木，惊而相命嘤嘤然，故曰丁丁嘤嘤。嘤相切直，以

---

① 此条，马国翰辑本有，黄奭辑本无。

兴朋友切切节节。(《毛诗正义》卷九)

采 薇

116. 小人所腓。

【王肃注】所以避患也。(《毛诗正义》卷九)

鱼 丽

117.《诗序》："鱼丽,美万物盛多能备礼也。文、武以《天保》以上治内,《采薇》以下治外。"

【王肃注】《常棣》之作,在武王既崩,周公诛管、蔡之后,而在文、武治内之篇,何也?夫"刑于寡妻,至于兄弟,以御于家邦",此文、武之行也。闵管、蔡之失道,陈兄弟之恩义,故内之于文、武之正雅,以成燕群臣、燕兄弟、燕朋友之乐歌焉。(《毛诗正义》卷九)

南有嘉鱼

118. 烝然罩罩。

【王肃注】烝,众也。(《经典释文》卷六)

119. 君子有酒,嘉宾式燕以乐。

【王肃注】在位朝廷之求贤。(《毛诗正义》卷十)

彤 弓

120. 受言藏之。

【王肃注】我藏之以示子孙也。(《毛诗正义》卷十)

121. 一朝醻之。

【王肃注】醻,报功也。(《毛诗正义》卷十)

六 月

122. 共武之服。

【王肃注】共,音恭。(《经典释文》卷六)

123. 侵镐及方。

【王肃注】镐，京师。（《经典释文》卷六）镐，镐京。（《毛诗正义》卷十）

124. 薄伐猃狁，至于大原。

【王肃注】宣王亲伐猃狁，出镐京而还，使吉甫迫伐追逐，乃至于太原。（《毛诗正义》卷十）

庭 燎

125. 夜未央。

【王肃注】央，旦。未旦，夜半。（《毛诗正义》卷十一）

126. 夜未艾。

【王肃注】艾，久也。毛意艾取名于耆艾。艾者，是年之久。从幼至艾为年久，似从昏至旦为夜久。昏似幼，旦似艾，言夜未于久亦是未至于旦。未艾与未央，其意同也。①（《毛诗正义》卷十一）

我行其野

127. 我行其野，蔽芾其樗。

【王肃注】行遇恶木，言己适人遇恶夫②也。（《毛诗正义》卷十一）

斯 干

128.《诗序》："斯干，宣王考室也。"

【王肃注】宣王修先祖宫室，俭而得礼。（《毛诗正义》卷十一）

129. 哙哙其正，哕哕其冥。君子攸宁。

【王肃注】宣王之臣，长者宽博哙哙然，少者闲习哕哕然。夫其所与翔于平正之庭，列于高大之楹，皆少长怀德有礼之士，所以安也。（《毛诗正义》卷十一）

---

① 此条，马国翰辑本有，黄奭辑本无。

② "夫"字，马国翰、黄奭辑本皆作"人"。

130. 载衣之裳，载弄之璋。

【王肃注】言无生而贵之①也。群臣之从王行礼者奉璋。又《棫朴》曰："奉璋峨峨，髦士攸宜。"②（《毛诗正义》卷十一）

节 南 山

131. 节彼南山，有实其猗。赫赫师尹，不平谓何。

【王肃注】南山高峻，而有实之使平均者，以其草木之长茂也。师尹尊显，而有益之使平均者，以用众士之智能。刺今专己，不肯用人，以至于不平也。（《毛诗正义》卷十二）

132. 天子是毗，俾民不迷。

【异　文】"毗"，王肃本作"埤"。（《经典释文》卷六）

【王肃注】埤，厚也。（《经典释文》卷六）毗，辅也；俾，使也。言师尹当毗辅天子，使民不迷。③（《孔子家语注》卷一）

133. 不自为政，卒劳百姓。

【王肃注】言政不由王出也。礼，人臣不显谏，谏犹不显，况欲使天更授命？诗皆献之于君，以为箴规。包藏祸心，臣子大罪，况公言之乎？（《毛诗正义》卷十二）

134. 蹙蹙靡所骋。

【王肃注】蹙，七历反。④（《经典释文》卷六）

135. 不惩其心，覆怨其正。

【王肃注】覆，犹背也，师尹不定其心，邪辟妄行，故下民皆怨其长。（《毛诗正义》卷十二）

正 月

136. 民之无辜，并其臣仆。

【王肃注】今之王者，好陷入人罪，无辜下至于臣仆。言用刑趣重。

---

① "之"字，马国翰、黄奭辑本皆作"者"。
② 此条，黄奭辑本有，马国翰辑本无。
③ 此条，黄奭辑本有，马国翰辑本无。
④ 此条，黄奭辑本有，马国翰辑本无。

(《毛诗正义》卷十二)

137. 既克有定，靡人弗胜。

【王肃注】王①既有所定，皆乘陵人之事，言残虐也。(《毛诗正义》卷十二)

138. 谓天盖高，不敢不局。谓地盖厚，不敢不蹐。

【王肃注】言天高，已不敢不曲身危行，恐上触忌讳也；地至厚，已不敢不累足，惧陷于在位之罗网也。(《毛诗正义》卷十二)

139. 洽比其邻，昏姻孔云。

【王肃注】言王但以和比其邻近左右与昏姻其亲友而已，不能亲亲以及远。(《毛诗正义》卷十二)

十月之交

140. 《诗序》："《十月之交》，大夫刺幽王也。"

【王肃注】四篇正刺幽王。②(《毛诗正义》卷十二)

141. 家伯维宰。

【王肃注】宰，为小宰。(《毛诗正义》卷十二)

142. 曰予不戕。

【异　文】"戕"，王肃本作"臧"。

【王肃注】臧，善也。(《经典释文》卷六)

雨　无　正

143. 沦胥以铺。

【王肃注】铺，病也。(《经典释文》卷六)

144. 周宗既灭，靡所止戾。

【王肃注】周室为天下所宗，其道已灭，将无所止定。(《毛诗正义》卷十二)

---

① "王"字，黄奭辑本无。

② 此条，黄奭辑本有，马国翰辑本无。

145. 正大夫离居，莫知我勚。

【王肃注】长官大夫，我之贤友，奔走窜伏，与我离居；我劳病，莫之知也，故下章思之，欲迁还于王都。(《毛诗正义》卷十二)

小 旻

146. 国虽靡止，或圣或否。民虽靡膴，或哲或谋，或肃或艾。

【王肃注】膴，读为忨，喜吴反。膴，大也，无大，有人言少也。国虽小，民虽少，犹有此六事。(《毛诗正义》卷十二)

小 宛

147. 饮酒温克。

【王肃注】温，如字，柔也。(《经典释文》卷六)

148. 教诲尔子。

【王肃注】王者作民父母，故以民为子。(《毛诗正义》卷十二)

巧 言

149. 乱之初生，僭始既涵。

【王肃注】言乱之初生，谗人数缘事始自入，尽得容。其谗言有渐也。(《毛诗正义》卷十二)

150. 跃跃毚兔，遇犬获之。

【王肃注】言其虽腾跃逃隐其迹，或适与犬遇而见获。(《毛诗正义》卷十二)

何 人 斯

151. 《诗序》："暴公为卿士而谮苏公焉。"

【王肃注】二人俱为王卿，相随而行。(《毛诗正义》卷十二)

152. 伯氏吹埙，仲氏吹篪。

【王肃注】我与汝同寮，长幼之官，如篪埙①之相和。(《毛诗正义》卷十二)

---

① "篪埙"，马国翰、黄奭辑本皆作"埙篪"。

巷 伯

153.《诗序》:"《巷伯》,刺幽王也。寺人伤于谗,故作是诗也。"

【王肃注】今后宫称永巷,是宫内道名也。伯,长也,主宫内道官之长,人主于群臣,贵者亲近,贱者疏远。主宫内者,皆奄人,奄人之中,此官最近人主,故谓之巷伯也。(《毛诗正义》卷十二)

154. 谁适与谋。

【王肃注】适,都历反。(《经典释文》卷六)

四 月

155. 四月维夏,六月徂暑。

【王肃注】诗人以夏四月行役,至六月暑往未得反,已阙二时之祭,后尚复阙二时也。(《毛诗正义》卷十三)

156. 先祖匪人,胡宁忍予?

【王肃注】征役过时,旷废其祭祀,我先祖独非人乎?王者何为忍不忧恤我,使我不得修子道。(《毛诗正义》卷十三)

157. 废为残贼。

【王肃注】废,大也。(《经典释文》卷六)

158. 匪鹑匪鸢,翰飞戾天。匪鳣匪鲔,潜逃于渊。

【王肃注】以言在位非雕鸢也,何则贪残骄暴,高飞至天?时贤非鳣鲔也,何为潜逃以避乱?(《毛诗正义》卷十三)

鼓 钟

159. 鼓钟将将,淮水汤汤,忧心且伤。

【王肃注】凡作乐而非所,则谓之淫,淫,过也。幽王既用乐,不与德比,又鼓之于淮上,所谓过也。桑间濮上,亡国之音,非徒过而已。(《毛诗正义》卷十三)

楚 茨

160. 以往烝尝。

【王肃注】举盛言也。(《毛诗正义》卷十三)

161. 或肆或将。

【王肃注】分齐其肉，所当用也。(《毛诗正义》卷十三)

162. 或燔或炙。

【王肃注】取膟膋燔燎，报阳也。(《毛诗正义》卷十三)

163. 既齐既稷，既匡既勑。

【王肃注】齐，如字，齐整也。(《经典释文》卷六) 执事已整齐，已极疾，已诚正，已固慎也。(《毛诗正义》卷十三)

甫　田

164. 倬彼甫田，岁取十千。

【王肃注】太平之时，天下皆丰，故不系之于夫井，不限之于斗斛，要言多取田亩之收而已。(《毛诗正义》卷十四)

165. 攸介攸止。

【王肃注】介，大也。是君子治道所大，功所定止。(《毛诗正义》卷十四)

166. 以介我稷黍，以谷我士女。

【王肃注】大得我稷黍，以善我男女，言仓廪实而知礼节也。(《毛诗正义》卷十四)

167. 曾孙来止，以其妇子。馌彼南亩，田畯至喜。攘其左右，尝其旨否。

【王肃注】攘，如字。曾孙来止，亲巡畎亩，劝稼穑也。农夫务事，使其妇子并馌馈也。田畯之至，喜乐其事，教农以闲暇攘田之左右，除其草莱，尝其气旨土和义与否也。妇人无阃外之事，又帝王乃躬自食农人，周则力不供，不遍则为惠不普，玄说非也。(《毛诗正义》卷十四)

大　田

168. 俶载南亩。

【王肃注】俶为始，载为事，言用我之利耜，始发事于南亩。(《毛诗正义》卷十四)

鸳 鸯

169. 乘马在厩。

【王肃注】乘，绳证反，四马也。(《经典释文》卷六)

頍 弁

170. 有頍者弁，实维伊何？

【王肃注】言无常也。兴有德者则戴頍然之弁矣。(《毛诗正义》卷十四)

171. 有頍者弁，实维何期？

【王肃注】言冕，其在人之无期也。(《毛诗正义》卷十四)

车 舝

172. 靓尔新昏，以慰我心。

【王肃注】新昏，谓褒姒也。大夫不遇贤女，而后徒见褒姒谗巧嫉妒，故其心怨恨。(《毛诗正义》卷十四)

宾之初筵

173. 大侯既抗，弓矢斯张。

【王肃注】幽王饮酒无度，故言燕礼之义。其奏云言燕乐之义得，则能进乐其先祖，犹《孝经》说大夫、士之行曰，然后能守其宗庙而保其祭祀，非唯祭之日然后能保而行之。以此，故言悉衍非实祭也。(《毛诗正义》卷十四)

174. 发彼有的。

【王肃注】二尺曰正，四寸曰质。《尔雅》云：射，张皮谓之侯，侯中者谓之鹄，鹄中者谓之正，正方二尺也；正中谓之槷，方六寸也。槷则质也，旧云方四寸，今云方六寸，《尔雅》说之明，宜从之。① (《毛诗正义》卷十四)

---

① 此条，黄奭辑本有，马国翰辑本无。

175. 酌彼康爵，以奏尔时。

【王肃注】奏中者，以饮不中者。（《毛诗正义》卷十四）

176. 式勿从谓。

【王肃注】用其醉时勿从而谓之。（《毛诗正义》卷十四）

鱼 藻

177. 有那其居。

【王肃注】那，多也。①（《经典释文》卷六）

采 菽

178. 采菽采菽，筐之筥之。

【王肃注】筐筥，受所采之菜。牢礼，所以待来朝诸侯。（《毛诗正义》卷十五）

179. 觱沸槛泉，言采其芹。

【王肃注】泉水有芹而人得采焉，王者有道而诸侯法焉。（《毛诗正义》卷十五）

角 弓

180. 毋教猱升木，如涂涂附。

【王肃注】教猱升木，必也。如以涂之必著。（《毛诗正义》卷十五）

181. 莫肯下遗。

【王肃注】遗，如字。（《经典释文》卷六）

182. 式居娄骄。

【王肃注】娄，力住反，数也。②（《经典释文》卷六）

菀 柳

183. 上帝甚蹈。

【王肃注】上帝为斥王。（《毛诗正义》卷十五）

---

① 此条，黄奭辑本有，马国翰辑本无。
② 此条，黄奭辑本有，马国翰辑本无。

都 人 士

184. 充耳琇实。

【王肃注】以美石为瑱，塞实其耳。（《毛诗正义》卷十五）

185. 谓之尹吉。

【王肃注】正而吉也。《易·系辞》云吉人之辞寡。（《毛诗正义》卷十五）

采 绿

186. 五日为期。

【王肃注】五日一御，大夫以下之制。（《毛诗正义》卷十五）

隰 桑

187. 中心藏之。

【王肃注】藏，才郎反。（《经典释文》卷六）

白 华

188. 白华菅兮，白茅束兮。

【王肃注】白茅束白华，以兴夫妇之道，宜以端成絜白相申束，然后成室家也。（《毛诗正义》卷十五）

189. 天步艰难，之子不犹。

【王肃注】天行艰难，使下国化之，以倡为不可故也。（《毛诗正义》卷十五）

190. 啸歌伤怀，念彼硕人。

【王肃注】硕人，谓申后也。（《毛诗正义》卷十五）

瓠 叶

191. 有兔斯首。

【王肃注】唯有一兔头耳。（《毛诗正义》卷十五）

渐渐之石

192. 渐渐之石，维其高矣。山川悠远，维其劳矣。

【王肃注】言远征戎狄，戍役不息，乃更渐渐之高石，长远之山川，维其劳苦也。（《毛诗正义》卷十五）

193. 武人东征，不皇朝矣。

【王肃注】武人，王之武臣征役者。言皆劳病，东行征伐东国，以困病，不暇修礼而相朝。（《毛诗正义》卷十五）

大　雅

文　王

194.《诗序》："《文王》，文王受命作周也。"

【王肃注】文王受命，九年而崩。（《毛诗正义》卷十六）

195. 帝命不时。

【王肃注】天命之是也，言时天下，莫若文王。（《毛诗正义》卷十六）

196. 陈锡哉周，侯文王孙子。文王孙子，本支百世。

【王肃注】文王能布陈大利，以锡予人，故能载行周道，致有天下。维文王孙子受而行之，美其本支子孙，言文王之功德，其大宗与支子孙承百世之道。（《毛诗正义》卷十六）

197. 思皇多士，生此王国。王国克生，维周之桢。

【王肃注】言天思周德至盛，故为生众士于此周国。王国能生此众美之士，维周以之为桢干也。①（《毛诗正义》卷十六）

198. 商之孙子，其丽不亿。上帝既命，侯于周服。

【王肃注】商之孙子，有过亿之数。天既命文王，则维服于周，盛德不可为众。（《毛诗正义》卷十六）

---

① 此条，黄奭辑本有，马国翰辑本无。

199. 殷士肤敏。

【王肃注】殷士有美德，言其见时之疾，知早来服周也。（《毛诗正义》卷十六）

200. 裸将于京。

【王肃注】殷士自殷以其美德来归周助祭，行灌鬯之礼也。（《毛诗正义》卷十六）

大　明

201. 曰嫔于京。

【王肃注】唯尽其妇道于大国耳。（《毛诗正义》卷十六）

202. 造舟为梁，不显其光。

【王肃注】造舟为梁，然后可以显著其光辉，明文王之圣德，于是可以王也。（《毛诗正义》卷十六）

203. 维予侯兴。

【王肃注】其众维叛殷，我兴起而灭殷。（《毛诗正义》卷十六）

204. 时维鹰扬，凉彼武王。

【王肃注】司马，太公也。司马非上卿，而云上将者，周司马主军旅之戒命，故上将为司马也。①（《毛诗正义》卷十六）

205. 肆伐大商，会朝清明。

【王肃注】以甲子昧爽与纣战，不崇朝而杀纣，天下乃大清明，无复浊乱之政。（《毛诗正义》卷十六）

绵

206. 爰始爰谋。

【王肃注】于是始居之，于是先尽人事，谋之于众。（《毛诗正义》卷十六）

---

① 此条，马国翰、黄奭辑本漏辑，今补之。

207. 乃左乃右。

【王肃注】乃左右开地置①邑，以居其民。（《毛诗正义》卷十六）

208. 乃宣乃亩。

【王肃注】宣，遍也。②（《说文解字义证》卷五）

209. 度之薨薨。

【王肃注】薨薨，亟疾也。（《经典释文》卷七）

210. 乃立冢土。

【王肃注】冢土，大社也。③（《晋书》卷十九）

211. 柞棫拔矣，行道兑矣。

【王肃注】柞棫生柯叶拔然时，混夷伐周。（《毛诗正义》卷十六）

<h2 align="center">棫 朴</h2>

212. 左右奉璋。

【王肃注】群臣从王行礼之所奉。《顾命》曰："太保秉璋以酢。"一本有圭瓒者，以圭为柄，谓之圭瓒。未有名璋瓒为璋者。（《毛诗正义》卷十六）

213. 追琢其章，金玉其相。

【王肃注】以兴文王圣德，其文如彫琢矣，其质如金玉矣。（《毛诗正义》卷十六）

<h2 align="center">思 齐</h2>

214. 惠于宗公，神罔时怨，神罔时恫。

【王肃注】文王之德，能上顺祖宗，安宁百神，无失其道，无所怨痛。（《毛诗正义》卷十六）

215. 以御于家邦。

【王肃注】以迎治天下之国家。（《毛诗正义》卷十六）

---

① "置"字，马国翰、黄奭辑本皆作"致"。
② 此条，黄奭辑本有，马国翰辑本无。
③ 此条，马国翰辑本有，黄奭辑本无。

216. 不闻亦式，不谏亦入。

【王肃注】不闻道而自合于法，无谏者而自入于道也。(《毛诗正义》卷十六)

217. 肆成人有德，小子有造。

【王肃注】文王性与道合，故周之成人皆有成德，小子未成，皆有所造为，进于善也。(《毛诗正义》卷十六)

218. 古之人无斁。

【王肃注】言文王性与古合。(《毛诗正义》卷十六)

219. 誉髦斯士。

【王肃注】髦，俊也，古之人无厌于有誉之俊士也。① (《经典释文》卷七)

皇 矣

220. 维彼四国，爰究爰度。

【王肃注】彼四方之国，乃往从之谋，往从之居。(《毛诗正义》卷十六)

221. 上帝耆之。

【王肃注】恶桀纣之不德也。(《毛诗正义》卷十六)

222. 帝迁明德，串夷载路。

【王肃注】天于周家善于治国，徙就文王明德，以其由世习于常道，故得居是大位也。(《毛诗正义》卷十六)

223. 帝作邦作对，自大伯王季。

【王肃注】大伯见王季之生文王，知其天命之必在王季，故去而适吴。大王没而不返，而后国传于王季，周道大兴。(《毛诗正义》卷十六)

224. 维此王季，因心则友。则友其兄，则笃其庆，载锡之光。受禄无丧，奄有四方。

【王肃注】王季能友，称大伯之让意，则天厚与之善，锡文王之大位也。(《毛诗正义》卷十六)

---

① 此条，黄奭辑本有，马国翰辑本无。

225. 帝谓文王。

【王肃注】帝谓文王者，诗人言天谓文王有此德，非天教语文王以此事也。若天为此辞，谁所传道？① (《毛诗正义》卷十六)

226. 密人不恭，敢距大邦。

【王肃注】密须氏，姞姓之国也，乃不恭其职，敢兴兵相逆大国，侵周地。(《毛诗正义》卷十六)

227. 侵阮徂共。

【王肃注】无阮、徂、共三国。② (《毛诗正义》卷十六)

228. 王赫斯怒，爰整其旅，以按徂旅。

【王肃注】密人之来侵也，侵阮遂往侵共，遂往侵旅，故"王赫斯怒"，于是整其师以止徂旅之寇。侵阮、徂、共，文次不便，不得复说旅，故于此而见焉。上曰"徂共"，此曰"徂旅"，又为周王之所御，其密人亦可知也。省烦之义，诗人之微意也。(《毛诗正义》卷十六)

229. 依其在京，侵自阮疆。陟我高冈，无矢我陵。我陵我阿，无饮我泉，我泉我池。

【王肃注】密人乃依阻其京陵来侵，自文王阮邑之疆。密人升我高冈，周人皆怒曰：汝无陈于我陵，是乃我文王之陵阿也。泉池非汝之有，勿敢饮食之。(《毛诗正义》卷十六)

230. 不长夏以革。

【王肃注】非以幼弱未定，长大有所改更。言幼而有天性，长幼一行也。(《毛诗正义》卷十六)

231. 崇墉言言。

【王肃注】高大，言其无所坏。(《毛诗正义》卷十六)

232. 是伐是肆。

【王肃注】至疾乃威有罪。(《毛诗正义》卷十六)

233. 四方以无拂。

【王肃注】拂，违也。(《经典释文》卷七)

---

① 此条，黄奭辑本有，马国翰辑本无。
② 此条，黄奭辑本有，马国翰辑本无。

下 武

234. 昭兹来许。

【王肃注】来，如字。① (《经典释文》卷七)

文王有声

235. 诒厥孙谋。

【王肃注】孙，如字。(《经典释文》卷七)

生 民

236. 克禋克祀。

【王肃注】《外传》曰"精意以享曰禋"。禋，非燔燎之谓也。(《毛诗正义》卷十七)

237. 以赫厥灵，上帝不宁，不康禋祀，居然生子。

【王肃注】天以是显著后稷之神灵，降福而安之。言姜嫄可谓禋祀所安，无疾而生子。马融曰："帝喾有四妃，上妃姜嫄生后稷，次妃简狄生契，次妃陈锋生帝尧，次妃娵訾，生帝挚。挚最长，次尧，次契。下妃三人皆已生子，上妃姜嫄未有子，故禋祀求子，上帝大安其祭祀而与之子。任身之月，帝喾崩，挚即位而崩，帝尧即位，帝喾崩后十月而后稷生，盖遗腹子也。虽为天所授，然寡居而生子，为众所疑，不可申说。姜嫄知后稷之神奇，必不可害，故欲弃之，以著其神，因以自明尧亦知其然，故听姜嫄弃之。"② (《毛诗正义》卷十七)

行 苇

238. 或歌或咢。

【王肃注】咢，徒击鼓。③ (《毛诗正义》卷十七)

---

① 此条，黄奭辑本有，马国翰辑本无。
② 按：《毛诗正义》云："肃以融言为然。"故此条亦可视为王肃之说。
③ 此条，马国翰辑本有，黄奭辑本无。

239. 敦弓既坚。

【王肃注】养老燕射①。(《毛诗正义》卷十七)

既　醉

240. 室家之壶。

【王肃注】其善道施于室家而广及天下。(《毛诗正义》卷十七)

凫　鹥

241. 凫鹥在漎，公尸②来燕来宗。

【王肃注】言尊敬孝子也。③(《毛诗正义》卷十七)

公　刘

242.《诗序》："《公刘》，召康公戒成王也。"

【王肃注】公，号也；刘，名也。(《毛诗正义》卷十七)

243. 既顺乃宣。

【异　文】"宣"，王肃本作"遍"。(《毛诗正义》卷十七)

【王肃注】遍，谓庐井。(《毛诗正义》卷十七)

244. 逝彼百泉，瞻彼溥原。乃陟南冈，乃觏于京。

【王肃注】往之彼百泉之地，乃视彼大原，乃见是京而居之，可以避水御乱也。(《毛诗正义》卷十七)

245. 其军三单，度其隰原，彻田为粮。

【王肃注】三单相袭止居，则妇女在内，老弱次之，强壮在外，言自有备也。彻，治也，居其民众于隰与原，治其田畴以为粮。(《毛诗正义》卷十七)

246. 度其夕阳，豳居允荒。

【王肃注】居其夕阳之地，豳国之居，信广大也。(《毛诗正义》卷十七)

---

① "射"，马国翰辑本同，黄奭辑本作"时"。

② "尸"，黄奭辑本作"施"。

③ 此条，黄奭辑本有，马国翰辑本无。

247. 夹其皇涧，溯其过涧。

【王肃注】或夹或向，所以利民也。(《毛诗正义》卷十七)

卷 阿

248. 伴奂尔游矣，优游尔休矣。

【王肃注】周道广大而有文章，故君子得以乐易而来游，优游而休息。(《毛诗正义》卷十七)

249. 凤凰于飞，翙翙其羽，亦集爰止。蔼蔼王多吉士。

【王肃注】凤凰虽亦①高飞傅天，而亦集于所宜止。故集止以亦傅天②亦集止。今能致灵鸟之瑞者，以多士也，欲其常以求贤用吉士为务也。③(《毛诗正义》卷十七)

民 劳

250. 戎虽小子，而式弘大。

【王肃注】在王者之大位，虽小子，其用事甚大也。(《毛诗正义》卷十七)

桑 柔

251. 念我土宇。

【王肃注】乃念天下居土之不安。(《毛诗正义》卷十八)

252. 其何能淑，载胥及溺。

【王肃注】如今之政，其何能善，但君臣相与陷溺而已。(《毛诗正义》卷十八)

253. 好是稼穑，力民代食。

【王肃注】当好知稼穑之艰难，有功力于民，代无功者食天禄是也。

---

① "亦"，马国翰辑本作"是"。

② 阮元《校勘记》云："浦镗云'傅天'下当脱'傅天以'三字，是也。"即"故集止以亦傅天亦集止"一句，当作"故集止以亦傅天，傅天以亦集止"。

③ 王肃此注，黄奭辑本仅有"凤凰虽亦高飞傅天，而亦集于所宜止"一句，后面两句失辑。

（《毛诗正义》卷十八）稼音驾，谓耕稼也；穑谓收穑也。（《经典释文》卷七）

254. 稼穑维宝，代食维好。

【王肃注】能知稼穑之事，唯国宝也。使能者代不能者食禄，则政唯好。（《毛诗正义》卷十八）

255. 进退维谷。

【王肃注】进不遇明君，退不遇良臣，维以穷。（《毛诗正义》卷十八）

256. 覆狂以喜。

【王肃注】狂，居况反。（《经典释文》卷七）

257. 既之阴女，反予来赫。

【王肃注】我阴知汝行矣。乃反来吓炙我，欲有以退止我言者也。（《毛诗正义》卷十八）阴如字，谓阴知之。（《经典释文》卷七）

258. 民之罔极，职凉善背。

【王肃注】民之无中和，主为薄俗，善相①欺背。（《毛诗正义》卷十八）

259. 民之回遹，职竞用力。

【王肃注】今民之为邪僻，乃主相与竞用力为之。（《毛诗正义》卷十八）

云 汉

260. 倬彼云汉

【王肃注】倬，著也。（《经典释文》卷七）

261. 后稷不克，上帝不临。耗斁下土，宁丁我躬。

【王肃注】后稷不能福祐我邪？上帝不能临飨我邪？天下耗败，当我身邪？（《毛诗正义》卷十八）

262. 靡人不周，无不能止。

【王肃注】靡人而不周，其急也。无不能而止者，其发仓廪散积聚，有分无多寡。无敢有不能而止者，言上下同也。（《毛诗正义》卷十八）

---

① "相"，黄奭辑本作"为"。

263. 云如何里。

【异　文】"里"，王肃本作"瘇"。(《经典释文》卷七)

【王肃注】瘇，病也。(《经典释文》卷七)

264. 大夫君子，昭假无赢。大命近止，无弃尔成。

【王肃注】大夫君子，公卿大夫也。昭其至诚于天下，无敢有私赢之而不敷散。大夫君子所以无私赢者，以民近死亡，当赈救之，以全汝之成功。(《毛诗正义》卷十八)

崧　高

265. 王命召伯，定申伯之宅。

【王肃注】召公为司空，主缮治。(《毛诗正义》卷十八)

266. 锡尔介圭，以作尔宝。

【王肃注】宝，瑞也。桓圭九寸，诸侯圭之大者，所以朝天子。(《毛诗正义》卷十八)

267. 其风肆好。

【王肃注】风，如字，音也。(《经典释文》卷七)

烝　民

268. 邦国若否。

【王肃注】否，方九反，不也。(《经典释文》卷七)

269. 每怀靡及。

【王肃注】仲山甫虽有柔和明知之德，犹自谓无及。(《毛诗正义》卷十八)

韩　奕

270. 淑旂绥章。

【王肃注】章所以为表章。(《毛诗正义》卷十八)

271. 汾王之甥。

【王肃注】大王，王之尊称也。(《毛诗正义》卷十八)

272. 庆既令居。

【王肃注】令，力政反，善也。(《经典释文》卷七)

273. 溥彼韩城。

【王肃注】今涿郡方城县有韩侯城，世谓寒号城也。(《水经注》卷十二)

274. 燕师所完。

【王肃注】燕，乌贤反，北燕国。(《经典释文》卷七)

常　武

275.《诗序》："《常武》，召穆公美宣王也。"

【王肃注】王不亲行。(《毛诗正义》卷十八)

276. 南仲大祖，大师皇父。

【王肃注】皇父以三公而抚军也。殊南仲，于王命亲兵也。(《毛诗正义》卷十八)

277. 三事就绪。

【王肃注】就其事业。(《毛诗正义》卷十八)

278. 铺敦淮濆。

【王肃注】敦，如字，厚也。(《经典释文》卷七)

瞻　卬

279. 哲夫成城，哲妇倾城。

【王肃注】哲，如字。(《经典释文》卷七)

280. 懿厥哲父。

【王肃注】懿，于其反，痛伤之声。(《经典释文》卷七)

281. 舍尔介狄，维予胥忌。

【王肃注】舍尔大道远虑，反与我贤者怨乎？(《毛诗正义》卷十八)

召　旻

282. 旻天疾威。

【王肃注】仁覆悯下曰旻天。(《诗缉》卷二十一)

周　颂

283. 周颂

【王肃注】周公摄政成王之事年。(《毛诗正义》卷十九)

维天之命

284. 维天之命，于穆不已。

【王肃注】于穆不已。① (《毛诗正义》卷十九)

285. 假以溢我，我其收之。

【王肃注】溢，顺也。② (《经典释文》卷七)

烈　文

286. 无封靡于尔邦，维王其崇之。念兹戎功，继序其皇之。

【王肃注】武王得天下，因殷诸侯无大累于其国者，就立之。序，继也，继续先人之大功而美之。(《毛诗正义》卷十九)

天　作

287. 天作高山，大王荒之。

【王肃注】禹之时，土广三倍于尧，计万里，为方五千里者四。③ (《毛诗正义》卷十九)

288. 岐有夷之行。

【王肃注】行，下孟反。(《经典释文》卷七)

昊天有成命

289. 成王不敢康。

【王肃注】王，如字。(《经典释文》卷七)

---

① 《毛诗正义》："《谱》云'子思论诗，于穆不已'，仲子曰'于穆不似'，此传虽引仲子之言而文无不似之义，盖取其所说而不从其读，故王肃述毛亦为不已，与郑同也。"

② 《经典释文》："王肃及崔申毛，并作顺解也。"

③ 此条，马国翰、黄奭辑本漏辑，今补之。

290. 夙夜基命宥密。

【王肃注】言其修德常如始。《易》曰："日新之谓盛德。"（《毛诗正义》卷十九）

我 将

291. 仪式刑文王之典，日靖四方。伊嘏文王，既右飨之。

【王肃注】善用法文王之常道，日谋四方。维天乃大文王之德，既佑助而歆飨之。（《毛诗正义》卷十九）

臣 工

292. 奄观铚艾。

【王肃注】奄，同也。（《毛诗正义》卷十九）奄，如字。（《经典释文》卷七）

噫 嘻

293. 噫嘻成王，既昭假尔。

【王肃注】假，音格。（《经典释文》卷七）

294. 骏发尔私，终三十里。

【王肃注】三十里，天地合所之，而三十则天下徧。（《毛诗正义》卷十九）

雝

295. 相维辟公，天子穆穆。

【王肃注】来助祭者，维国君诸公，天子穆穆，然以美德为之王。（《毛诗正义》卷十九）

296. 于荐广牡，相予肆祀。

【王肃注】于音乌。（《经典释文》卷七）

武

297. 耆定尔功。

【王肃注】致定其大功，谓诛纣定天下。（《毛诗正义》卷十九）

闵予小子

298.《诗序》：《闵予小子》，嗣王朝于庙也。

【王肃注】此篇为周公致政，成王嗣位始朝于庙之乐歌。（《毛诗正义》卷十九）

299. 闵予小子，遭家不造，嬛嬛在疚。

【王肃注】病乎我小子，乃遭家之不为。言先王崩，则家事莫为，徒嬛嬛在忧而病，故周公代为家事，以致太平。（《毛诗正义》卷十九）

访 落

300. 将予就之，继犹判涣。

【王肃注】将予就继先人之道业，乃分散而去，言已才不能继。（《毛诗正义》卷十九）

敬 之

301. 天维显思，命不易哉。

【王肃注】易，以豉反。（《经典释文》卷七）

小 毖

302. 莫予荓蜂，自求辛螫。

【王肃注】以言才薄，莫之藩援，则自得辛毒。（《毛诗正义》卷十九）

303. 肇允彼桃虫，拚飞维鸟。

【王肃注】言患难宜慎其小，是谓将来患难，非悔不诛管蔡也。（《毛诗正义》卷十九）

304. 未堪家多难，予又集于蓼。

【王肃注】非徒多难而已，又多辛苦。（《毛诗正义》卷十九）

载 芟

305. 千耦其耘，徂隰徂畛。侯主侯伯，侯亚侯旅，侯彊侯以。

【王肃注】有隰则有原，言畛新可见，美其阴阳和得，同时就功也。（《毛诗正义》卷十九）

306. 厌厌其苗，绵绵其麃。

【王肃注】芸者其众，绵绵然不绝也。（《毛诗正义》卷十九）

良 耜

307. 以薅荼蓼。

【王肃注】荼，陆秽；蓼，水草。（《毛诗正义》卷十九）荼，陆秽草。（《尔雅正义》卷八）

酌

308. 于铄王师，遵养时晦。时纯熙矣，是用大介。

【王肃注】于乎美哉，武王之用众也。率以取是昧，谓诛纣定天下以除昧也，于是道大明。是用有大大，言太平也。（《毛诗正义》卷十九）

309. 我龙受之，蹻蹻王之造。载用有嗣，实维尔公允师。

【王肃注】我周家以天人之和而受殷，用武德嗣文之功。（《毛诗正义》卷十九）

桓

310. 于昭于天，皇以间之。

【王肃注】于乎周道，乃昭见于天，故用美道代殷，定天下。（《毛诗正义》卷十九）

赉

311. 时周之命，于绎思。

【王肃注】于音乌。（《经典释文》卷七）

般

312. 于皇时周，陟其高山。

【王肃注】美矣，是周道已成，天下无违，四面巡岳，升祭其高山。（《毛诗正义》卷十九）

鲁 颂

313. 鲁颂

【王肃注】当文公时，鲁贤臣季孙行父请于周，而令史克作颂四篇以祀。（《毛诗正义》卷二十）

駉

314. 思无邪，思马斯徂。

【王肃注】徂，往也。所以养马得往古之道。（《毛诗正义》卷二十）

泮 水

315. 既饮旨酒，永锡难老。顺彼长道，屈此群丑。

【王肃注】天长与之难老之福，乃能顺彼仁义之长道，以敛此群众。（《毛诗正义》卷二十）

316. 桓桓于征，狄彼东南。

【王肃注】狄，他历反，远也。（《经典释文》卷七）率其威武往征，远服东南，谓淮夷来服也。（《毛诗正义》卷二十）

317. 烝烝皇皇，不吴不扬。

【王肃注】吴音误。（《经典释文》卷七）言其人德厚美，不过误有伤

者。(《毛诗正义》卷二十)

318. 角弓其觩。束矢其搜。戎车孔博。徒御无斁。既克淮夷，孔淑不逆。式固尔犹，淮夷卒获。

【王肃注】言弓弛而不张，矢众而不用，兵车甚博大，徒行御车无厌其事者，已克淮夷，淮夷甚化于善，不逆道也。鲁侯能固执其大道，卒以得淮夷。(《毛诗正义》卷二十)博，大也。(《经典释文》卷七)

319. 大赂南金。

【王肃注】三品，金银铜。① (《毛诗正义》卷二十)

閟 宫

320. 降之百福。

【王肃注】谓受明哲之性，长于稼穑，是言天授之智慧，为与之福也。(《毛诗正义》卷二十)

321. 奄有下国，俾民稼穑。

【王肃注】尧命以后稷使民知稼穑，下国同时有是大功也。(《毛诗正义》卷二十)

322. 无贰无虞，上帝临女。

【王肃注】天下归周，无贰心，无疑误，上帝临命汝。(《毛诗正义》卷二十)

323. 敦商之旅，克咸厥功。

【王肃注】敦，都门反，厚也。(《经典释文》卷七)

324. 牺尊将将。

【王肃注】将将，盛美也。大和中，鲁郡于地中得齐大夫子尾送女器，有牺尊，以牺牛为尊。然则象尊，尊为象形也。(《毛诗正义》卷二十)牺，许宜②反，尊名也。(《经典释文》卷七)

325. 松桷有舄。

【王肃注】言无刻饰文章，徒见松桷强大至牢固。(《毛诗正义》卷二十)

---

① 此条，马国翰、黄奭辑本漏辑，今补之。
② "宜"字，黄奭辑本误作"宣"。

326. 新庙奕奕，奚斯所作。

【王肃注】僖公以庶兄后闵公，为之立庙，奕奕盛大，美其作之中礼，能自俭而崇大宗庙。(《毛诗正义》卷二十)

商　颂

那

327. 汤孙奏假，绥我思成。

【王肃注】汤之为人子孙，能奏其大乐，以安我思之所成，谓万福来宜，天下和平。(《毛诗正义》卷二十)

328. 顾予烝尝，汤孙之将。

【王肃注】言嘉客顾我烝尝而来者，乃汤为人子孙显大之所致也。(《毛诗正义》卷二十)

烈　祖

329. 赉我思成。

【王肃注】先祖赐我思之所欲成也。(《毛诗正义》卷二十)

330. 来假来飨。

【王肃注】祖考来至，来享嘉荐。(《毛诗正义》卷二十)假，至也。(《经典释文》卷七)

331. 汤孙之将。

【王肃注】祭中宗而引汤者，本王业之所起也。(《毛诗正义》卷二十)

玄　鸟

332. 方命厥后，奄有九有。

【王肃注】同有九州之贡赋也。(《毛诗正义》卷二十)

333. 商之先后，受命不殆，在武丁孙子。

【王肃注】殷质，以名著。商之先君成汤受天命，所以不危殆者，在武

丁之为人孙子也。(《毛诗正义》卷二十)

334. 肇域彼四海。

【王肃注】殷道衰,四夷来侵。至高宗,然后始复以四海为境域也。(《毛诗正义》卷二十)

335. 景员维河。

【王肃注】河,河水。(《经典释文》卷七)

长 发

336.《诗序》:"《长发》,大禘也。"

【王肃注】大禘,为殷祭。[①](《毛诗正义》卷二十)

337. 外大国是疆,幅陨既长。

【王肃注】外诸夏大国也。京师为内,诸夏为外。言禹外画九州境界,内平治水土,中国既广,已平均且长也。(《毛诗正义》卷二十)

338. 相士烈烈,海外有截。

【王肃注】相土能继契,四海之外截然整齐而治,言有烈烈之威。则相土在夏为司马之职,掌征伐也。说《春秋》者,亦以太公为司马之官,故得征五侯九伯。(《毛诗正义》卷二十)

339. 昭假迟迟。

【王肃注】假音格,至也。(《经典释文》卷七)

340. 受小共大共,为下国骏厖。何天之龙,敷奏其勇。

【王肃注】言汤为之立法,成下国之性,使之大厚,乃荷任天之和道也。(《毛诗正义》卷二十)

殷 武

341. 有截其所,汤孙之绪。

【王肃注】于所伐截然大治,是汤为人子孙之业大,武丁之伐与汤同。(《毛诗正义》卷二十)

---

① 《经典释文》云:"禘,大计反,王云'殷祭也'。"(《经典释文》卷七)

342. 天命多辟。

【王肃注】辟音僻，邪也。① （《经典释文》卷七）

343. 松桷有梴，旅楹有闲。

【王肃注】桷楹以松柏为之，言无彫镂也。陈列其楹。有闲，大貌。
（《毛诗正义》卷二十）

附 《毛诗问难》《毛诗义驳》《毛诗奏事》

一、《毛诗问难》

国风·周南

葛 覃

1. 薄污我私，薄澣我衣。

【王肃问难】烦撋、澣濯其私衣是也。言"私，燕服"，谓六服之外常
着之服，则有污垢，故须澣。公服则无垢污矣。（《毛诗正义》卷一）

国风·唐风

绸 缪

2. 绸缪束薪，三星在天。

【王肃问难】三星在天，谓十月也。在天既据十月，二章"在隅"，谓
在东南隅，又在十月之后也，谓十一月、十二月也。卒章"在户"，言参星
正中直户，谓正月中也。故《月令》孟春之月，"昏参中"，是参星直户，
在正月中也。此三章者，皆婚姻之正时。晋国婚姻失此三者之时，故三章各
举一时以刺之。毛以季秋之月，亦是为婚之时。今此篇不陈季秋之月者，以

---

① 此条，黄奭辑本有，马国翰辑本无。

不得其时，谓失于过晚。作者据其失晚，追陈正时，故近举十月已来，不复远言季秋也。（《毛诗正义》卷六）

国风·豳风

七 月

3. 七月、鸱鸮、东山、破斧、伐柯、九罭、狼跋。

【王肃问难】周公以公刘、太王能忧念民事，成此王业。今管、蔡流言，将绝王室，故陈豳公之德，言己摄政之意，必是摄政元年作此《七月》。《左传》季札见歌《豳》，曰："其周公之东乎！"则至东居乃作也。居东二年，既得管、蔡，乃作《鸱鸮》。三年而归，大夫美之，而作《东山》也。大夫既美周公来归，喜见天下平定，又追恶四国之破毁礼义，追刺成王之不迎周公，而作《破斧》《伐柯》《九罭》也。或曰："《东山》既归之诗，而朝廷不知，犹在下，何？"曰："同时之作。《破斧》恶四国，而其辞曰：'周公东征，四国是皇。'犹追而刺之，所以极美周公。"《狼跋》美周公。远则四国流言，近则成王不知，进退有难，而不失其圣，当是三年归后，天下太平，然后美其不失其圣耳。最在后作，故以为终。（《毛诗正义》卷八）

小雅

北 山

4. 大夫不均，我从事独贤。

【王肃问难】郑笺："王不均大夫之使，而专以我有贤才之故，独使我从事于役。自苦之辞。"王肃难云："王以己有贤才之故，而自苦自怨，非大臣之节，斯不然矣。此大夫怨王偏役于己，非王实知其贤也。王若实知其贤，则当任以尊官，不应劳以苦役。此从事独贤，犹下云'嘉我未老，鲜我方将'，恨而问王之辞，非王实知其贤也。"（《毛诗正义》卷十三）

二、《毛诗义驳》

国风·召南

羔 羊

1. 退食自公。

【王肃义驳】郑笺："退食，谓减膳也。"王肃云："自减膳食，圣人有逼下之讥。"（《毛诗正义》卷一）

国风·邶鄘卫风

2. 邶、鄘、卫

【王肃义驳】陆曰："郑云：'邶、鄘、卫者，殷纣畿内地名，属古冀州。自纣城而北曰邶，南曰鄘，东曰卫，卫在汲郡朝歌县，时康叔正封于卫，其末子孙稍并兼彼二国，混其地而名之，作者各有所伤，从其本国而异之，故有邶、鄘、卫之诗。'"王肃同①。（《毛诗正义》卷二）

3. 郑玄《邶鄘卫谱》云："乃三分其地，置三监，使管叔、蔡叔、霍叔尹而教之。"

【王肃义驳】《地理志》云："邶以封纣子武庚，鄘管叔尹之，卫蔡叔尹之，以监殷民，谓之三监。"②（《毛诗正义》卷二）

4. 郑玄《邶鄘卫谱》云："自纣城而北谓之邶，南谓之鄘，东谓之卫。"

【王肃义驳】鄘在纣都之西。（《毛诗正义》卷二）

---

① 此处云"王肃同"，但下文关于"鄘"的位置，又言"王肃、服虔以为鄘在纣都之西"，似前后矛盾。

② 《毛诗正义》："王肃、服虔皆依《志》为说。"按：此《志》即《汉书·地理志》。

国风·齐风

著

5. 充耳以素乎而。

【王肃义驳】郑笺："谓所以悬瑱者，或名为纮，织之，人君五色，臣则三色而已。"王肃云："王后织玄纮，天子之玄纮，一玄而已，何云具五色乎？"（《毛诗正义》卷五）

猗 嗟

6. 展我甥兮。

【王肃义驳】郑笺："展，诚也。姊妹之子曰甥。容貌技艺如此，诚我齐之甥。言诚者，拒时人言齐侯之子。"王肃云："据外祖以言也。谓不指襄公之身，总据齐国为信。外孙得称甥者，案《左传》云'以肥之得备弥甥'。"（《毛诗正义》卷五）

鸱 鸮

7. 鸱鸮鸱鸮，既取我子，无毁我室。

【王肃义驳】郑笺："时周公竟武王之丧，欲摄政成周道，致大平之功。管叔、蔡叔等流言云：'公将不利于子。'成王不知其意，而多罪其属党。兴者，喻此诸臣乃世臣之子孙，其父祖以勤劳有此官位土地，今若诛杀之，无绝其位，夺其土地。王意欲消公，此之由然。"王肃云："案经、传内外，周公之党具存，成王无所诛杀。横造此言，其非一也。设有所诛，不救其无罪之死，而请其官位土地，缓其大而急其细，其非二也。设已有诛，不得云无罪，其非三也。"（《毛诗正义》卷八）

小雅

节 南 山

8. 不自为政，卒劳百姓。

【王肃义驳】郑笺："卒，终也。昊天不自出政教，则终穷苦百姓。欲使昊天出《图》《书》有所授命，民乃得安。"王肃云："礼，人臣不显谏。谏犹不显，况欲使天更授命？诗皆献之于君，以为箴规。包藏祸心，臣子大罪，况公言之乎？"（《毛诗正义》卷十二）

十月之交

9. 十月之交。

【王肃义驳】郑笺："当为刺厉王。作《诂训传》时移其篇第，因改之耳。《节》刺师尹不平，乱靡有定。此篇讥皇父擅恣，日月告凶。《正月》恶褒姒灭周。此篇疾艳妻煽方处。"王肃云："四篇①正刺幽王。"②（《毛诗正义》卷十二）

甫 田

10. 曾孙来止，以其妇子。馌彼南亩，田畯至喜。攘其左右，尝其旨否。

【王肃义驳】郑笺："曾孙，谓成王也。攘读当为饷。馌、饷，馈也。田畯，司啬，今之啬夫也。喜读为饎。饎，酒食也。成王来止，谓出观农事也。亲与后、世子行，使知稼穑之艰难也。为农人之在南亩者，设馈以劝之。司啬至，则又加之以酒食，饷其左右从行者。成王亲为尝其馈之美否，示亲之也。"王肃云："曾孙来止，亲循畎亩劝稼穑也。农夫务事，使其妇子并馌馈也。田畯之至，喜乐其事，教农以间暇攘田之左右，除其草莱，尝其气旨土和美与否也。"又云："妇人无阃外之事。又帝王乃躬自食农人，周则力不供，不遍则为惠不普，玄说非也。"（《毛诗正义》卷十四）

大雅

棫 朴

11. 左右奉璋。

【王肃义驳】郑笺："璋，璋瓒也。祭祀之礼，王祼以圭瓒，诸臣助之，

---

① 按：四篇，指《小雅》中的《十月之交》《雨无正》《小旻》《小宛》。
② 《毛诗正义》："王肃、皇甫谧以为，四篇正刺幽王。"

亚裸以璋瓒。"王肃云："一本有圭瓒者，以圭为柄，谓之圭瓒。未有名璋瓒为璋者。"（《毛诗正义》卷十六）

皇　矣

12. 帝谓文王：无然畔援，无然歆羡，诞先登于岸。

【王肃义驳】郑笺："畔援，犹拔扈也。诞，大。登，成。岸，讼也。天语文王曰：女无如是拔扈者，妄出兵也。无如是贪羡者，侵人土地也。欲广大德美者，当先平狱讼，正曲直也。"王肃云："帝谓文王者，诗人言天谓文王有此德，非天教语文王以此事也。若天为此辞，谁所传道？"（《毛诗正义》卷十六）

13. 侵阮徂共。

【王肃义驳】郑笺："阮也、徂也、共也，三国犯周，而文王伐之。"王肃云："无阮、徂、共三国。"（《毛诗正义》卷十六）

三、《毛诗奏事》

小雅

宾之初筵

1. 大侯既抗，弓矢斯张。

【王肃奏事】毛传："大侯，君侯也。抗，举也。有燕射之礼。"郑笺："将祭而射，谓之大射。下章言'烝衎烈祖'，其非祭与？"王肃奏云："言燕乐之义得，则能进乐其先祖，犹《孝经》说大夫士之行曰：'然后能守其宗庙而保其祭祀。'非唯祭之日然后能保而行之。以此，故言烝衎非实祭也。"（《毛诗正义》卷十四）

大雅

皇　矣

2. 维彼四国，爰究爰度。

【王肃奏事】毛传："四国，四方也。"郑笺："四国，谓密也、阮也、

103

徂也、共也。度亦谋也。殷、崇之君，其行暴乱，不得于天心。密、阮、徂、共之君，于是又助之谋。言同于恶也。"王肃奏云："《家语》引此诗，乃云：'纣政失其道，而执万乘之势，四方诸侯固犹从之谋度于非道，天所恶焉。'"（《毛诗正义》卷十六）

生 民

3. 履帝武敏歆，攸介攸止，载震载夙。载生载育，时维后稷。

【王肃奏事】毛传："履，践也。帝，高辛氏之帝也。武，迹。敏，疾也。从于帝而见于天，将事齐敏也。歆，飨。介，大也。攸止，福禄所止也。"郑笺："帝，上帝也。敏，拇也。介，左右也。夙之言肃也。祀郊禖之时，时则有大神之迹，姜嫄履之，足不能满。履其拇指之处，心体歆歆然。其左右所止住，如有人道感己者也。于是遂有身，而肃戒不复御。后则生子而养长之，名曰弃。舜臣尧而举之，是为后稷。"王肃奏云："稷、契之兴，自以积德累功于民事，不以大迹与燕卵也。且不夫而育，乃载籍之所以为妖，宗周之所丧灭。"①（《毛诗正义》卷十七）

卷 阿

4. 伴奂尔游矣。

【王肃奏事】毛传："伴奂，广大有文章也。"郑笺："伴奂，自纵弛之意也。"王肃奏云："周公著书，名曰《无逸》。而云自纵弛也，不亦违理哉！"（《毛诗正义》卷十七）

---

① 王肃引马融曰："帝喾有四妃，上妃姜嫄生后稷，次妃简狄生契，次妃陈锋生帝尧，次妃娵訾生帝挚。挚最长，次尧，次契。下妃三人，皆已生子，上妃姜嫄未有子，故禋祀求子。上帝大安其祭祀而与之子。任身之月，帝喾崩。挚即位而崩，帝尧即位。帝喾崩后十月而后稷生，盖遗腹子也。虽为天所安，然寡居而生子，为众所疑，不可申说。姜嫄知后稷之神奇，必不可害，故欲弃之，以著其神，因以自明。尧亦知其然，故听姜嫄弃之。"肃以融言为然，又其《奏》云："稷、契之兴，自以积德累功于民事，不以大迹与燕卵也。且不夫而育，乃载籍之所以为妖，宗周之所丧灭。"（《毛诗正义》卷十七）

第四章　王肃《周礼注》

地官司徒

1. "媒氏掌万民之判。凡男女自成名以上，皆书年月日名焉。令男三十而娶，女二十而嫁。凡娶判妻入子者，皆书之。"

【王肃注】《周官》云"令男三十而娶，女二十嫁"，谓男女之限嫁娶不得过此也。三十之男、二十之女，不待礼而行之，所奔者不禁。娶何三十之限？前贤有言"丈夫二十不敢不有室，女子十五不敢不有其家"。《家语》鲁哀公问于孔子："男子十六精通，女子十四而化，是则可以生民矣。闻礼男三十而有室，女二十而有夫，岂不晚哉？"孔子曰："夫礼言其极，亦不是过。男子二十而冠，有为人父之端；女子十五许嫁，有适人之道，于此以往则自昏矣。"然则三十之男、二十之女、中春之月①者，所谓言其极法耳。（《周礼注疏》卷十四）

2. "中春之月，令会男女。于是时也，奔者不禁。"

【王肃注】吾幼为郑学之时，为谬言寻其义，乃知古人可以于冬。自马氏以来，乃因《周官》而有二月。《诗》"东门之杨，其叶牂牂"，《毛传》曰："男女失时，不逮秋冬。"三星，参也，十月而见东方，时可以嫁娶。（《周礼注疏》卷十四）时尚暇务须合昏因，万物闭藏于冬，而用生育之时，娶妻入室，长养之母，亦不失也。孙卿曰："霜降逆女，冰泮杀止。"《诗》曰："将子无怒，秋以为期。"《韩诗传》亦曰："占者霜降逆女，冰泮杀止。士如归妻，迨冰未泮。"为此验也。而玄云："归，使之来归于己，谓请期

---

① 浦镗云："'中春之月'四字，疑衍文。"参见（清）阮元校刻《十三经注疏》，第736页。

时。"来归之言，非请期之名也。或曰亲迎用昏，而曰"旭日始旦"，何用哉？《诗》以鸣雁之时纳采，以昏①时而亲迎，而《周官》中春令会男女之无夫家者，于是时奔者不禁，则昏姻之期非此日也。《孔子家语》曰："霜降而妇功成，嫁娶者行焉。冰泮而农业起，昏礼杀于此。"又曰："冬合男女，春颁爵位②。"（《周礼注疏》卷十四）

春官宗伯

3."建邦国，先告后土，用牲币。"

【王肃注】亲告以牲，有奠故也，使祝史用币。吉则用牲，凶则用币。（《通典》卷五十五）

---

① "昏"，原作"感"，马国翰辑本作"昏"，今从之。
② "春颁爵位"，原作"秋班时位也"，马国翰辑本据《孔子家语》改正，今从之。

第五章　王肃《仪礼注》①

第一节　《丧服经传王氏注》②

1. 丧服。斩衰裳，苴绖、杖、绞带，冠绳缨，菅屦者。《传》曰：绞带者，绳带也。菅屦者，菅菲也，外纳。

【王肃注】绞带，如要绖。外纳，正向外编之。（《仪礼注疏》卷二十八）

2. 《传》曰：朝一溢米，夕一溢米。

【王肃注】满手曰溢。（《经典释文》卷十）

3. 妻为夫。《传》曰：夫至尊也。

【王肃注】言夫则可知举妻者，殊妾之文也。（《通典》卷八十八）

4. 子嫁反在父之室，为父三年。

【王肃注】嫌已嫁而反与在室不同，故明之。遭丧，未练而出则三年，既练而出则已，未练而出③则周，既练而④出则遂之。（《通典》卷八十八）

5. 疏衰裳齐。

【王肃注】疏以名哀⑤，轻乎轻⑥也。斩不同数，粗可知也。承裳以齐，

---

①　《隋书·经籍志》载王肃著有《仪礼注》十七卷，可惜后世亡佚不传，清儒辑有《丧服经传注》和《丧服要记》两种。因《丧服》本为《仪礼》之篇目，故《丧服经传注》和《丧服要记》亦属王肃《仪礼注》。

②　此标题名称为马国翰本所用之名，今从之。黄奭辑本名曰《王肃仪礼丧服注》。

③　"出"，马国翰辑本作"反"。

④　"出"，马国翰辑本作"反"。

⑤　"哀"，马国翰辑本作"缞"。

⑥　"轻"，马国翰辑本作"斩"。

制而后齐也。因缞以斩，斩而后缞也。(《通典》卷八十七)

6. 削杖。

【王肃注】削为四分。(《通典》卷八十七)

7. 父卒，继母嫁，从为之服，报。《传》曰：何以期也？贵终也。

【王肃注】从乎继而寄育则为服，不从则不服。服也则报，不服则不报。(《通典》卷八十九)

8. 不杖，麻屦者，祖父母。《传》曰：何以期也？至尊也。

【王肃注】言与①杖周同制，唯杖屦异。(《通典》卷九十)

9. 妇人虽在外，必有归宗，曰小宗，故服期也。

【王肃注】嫌所宗者唯大宗，故曰小宗，明各自宗其为父后者也。(《通典》卷九十)

10. 大夫之子为世②父母、叔父母、子、昆弟、昆弟之子，姑、姊、妹、女子子无主③者，为大夫、命妇者。唯子不报。

【王肃注】姑姊妹本大功，今以无主为之周④，故亦报己以周。女子子亦大功，今以无主为之周，女子子今为父母周，今虽具报，自其本服，故曰唯子不报。(《通典》卷九十)

11. 丈夫、妇人为宗子、宗子之母、妻。《传》曰：何以服齐衰三月也？尊祖也。

【王肃注】此谓族人无复五属者，反为⑤其宗子服也。(《通典》卷九十)

12. 曾祖父母。《传》曰：何以齐衰三月也？小功者，兄弟之服也，不敢以兄弟之服服至尊也。

【王肃注】祖父周则曾祖大功，而《传》以小功为说者，服本以周为正，父则倍之故再周。祖亦如焉故服周。曾祖恩轻，加所不及，正当小功，故《传》曰以小功言之耳。《传》言"小功者兄弟之服"，是据祖父

---

① "与"字前，马国翰辑本有"其"字。
② "世"，《通典》作"伯"。
③ "无主"前，《通典》有"适人"二字，马国翰辑本据之补。
④ "周"字，本注共有四处，黄奭辑本皆作"期"。
⑤ "反为"，马国翰辑本作"为"，无"反"字；黄奭辑本作"反"，无"为"字。

而言也。从祖祖父、从祖父、从祖昆弟，此三者其亲皆从祖父而来也，而已皆为之小功。从祖昆弟同与己为兄弟之族，而从祖父与己父为从父兄弟者也，从祖祖父则与己祖父为兄弟，故曰"小功者兄弟之服也"。不敢以祖父兄弟小功之服服祖父之尊者，故曰"不敢以兄弟之服服至尊"。（《通典》卷九十）

13. 旧君。《传》曰：大夫为旧君，何以服齐衰三月也？大夫去，君埽其宗庙，故服齐衰三月也，言与民同也。何大夫之谓乎？言其以道去君，而犹未绝也。

【王肃注】所适尊卑同，反服旧君。（《通典》卷九十）

14. 无服之殇，以日易月。

【王肃注】日易月者，以哭之日易服之月，殇之期亲，则以旬有三日哭，缌麻之亲者，则以三日为制。（《仪礼注疏》卷三十一）

15. 其长殇皆九月，缨绖。其中殇七月，不缨绖。

【王肃注】大功已上，以绳为绖之缨也。（《通典》卷九十一）

16. 夫之祖父母、世父母、叔父母。《传》曰：何以大功也？从服也。夫之昆弟何以无服也？其夫属乎父道者，妻皆母道也。其夫属乎子道者，妻皆妇道也。谓弟之妻妇者，是嫂亦可谓之母乎？故名者，人治之大者也，可无慎乎？

【王肃注】父为众子暮，妻小功，为兄弟之子暮，其妻亦小功，以其兄弟之子犹子。引而进之，进同己子，明妻同可知。"夫之昆弟何以无服"已下，总论兄弟之妻不为夫之兄弟服，夫之兄弟不为兄弟妻服之事。（《仪礼注疏》卷三十二）

17. 大夫之妾为君之庶子。女子子嫁者、未嫁者，为世父母、叔父母、姑姊妹。《传》曰：嫁者，其嫁于大夫者也。未嫁者，成人而未嫁者也。何以大功也？妾为君之党服，得与女君同。

【王肃注】大夫之妾为他妾之子大功九月，自诸侯以上不服。（《通典》卷九十一）

18. 夫之姑、姊妹，娣姒妇。报。《传》曰：娣姒妇者，弟长也。

【王肃注】按《左氏传》曰，鲁之穆姜，晋子容之母，皆有稚妇为娣

妇，长妇为姒妇，此妇二义之不同者。今按①《传》文与《左氏》正合，宜即而据②之。（《通典》卷九十二）

19. 大夫之妾为庶子适人者，庶妇，君母之父母、从母。《传》曰：何以小功也？君母在则不敢不从服，君母不在则不服。

【王肃注】适士降一等，在小功。君母，庶子之嫡母。（《通典》卷九十二）

20. 庶孙之妇，庶孙之中殇。

【王肃注】此见大夫为孙服之异也。士为庶孙大功，则大夫为之小功。降而小功者，则殇中从上，故举中以见之。（《通典》卷九十二）

21. 庶子为父后者，为其母。

【王肃注】士庶子。（《通典》卷九十四）

22. 改葬缌。

【王肃注】司徒文子改葬其叔父，问服于子思。子思曰："礼，父母改葬，缌而除，不忍无服送至亲也。"本有三年之服者，道有远近，或有艰，故既葬而除，不待有三月之服也。非父母无服，无服则吊服加麻。③（《通典》卷一百零二）

【考　证】《通典》卷一百零二礼六十二"改葬服议"条下两引王肃之说。其一如上，其二引作："王肃云：'本有三年之服者，道有远近，或有艰，故既葬而除，不得待有三月之限。'"按："不待有三月之服"与"不得待有三月之限"，二者虽句意皆通，但前者更符合文本和语境，后者盖前者之误。

第二节　《王氏丧服要记》

1. 鲁哀公祖载其父，孔子曰："宁设表门乎？"公曰："不也。夫表门

---

① "按"，马国翰辑本作"据"。黄奭辑本无"今按"至"据之"一句。

② "据"，马国翰辑本作"按"。

③ 王肃此注，黄奭辑本作"司徒文子改葬其叔父，问服于子思。子思曰：'礼，父母改葬，缌而除，不忍无服送至亲也。'道有远近，或有艰，棺坏见尸，痛之极也。故改葬，葬讫而除，不待有三月之服也。非父母无服，则服则吊服如麻。"按：黄奭辑本附注佚文出处曰"《晋书》十九、《通典》二百"，然检索二书并无相关语句，不知其所据何在。另外，所辑"则服则吊服如麻"，盖为"无服则吊服加麻"之误。

起于禹，禹治洪水，故表其门以纪其功，吾父无功，何用焉?"（《太平御览》卷五百四十八）

2. 鲁哀公葬父，孔子问曰："宁设菰庐乎?"哀公曰："菰庐起太伯。太伯出奔，闻古公薨，还赴丧，故作菰庐以彰其尸。吾父无太伯之罪，何用此为?"（《太平御览》卷五百四十八）

3. 昔者鲁哀公祖载其父，孔子问曰："宁设五谷囊乎?"哀公曰："不也。五谷囊者，起①伯夷、叔齐不食周粟而饿死首阳山②，恐魂之饥，故作五谷囊。吾父食味含哺而死，何用此为?"（《艺文类聚》卷八十五）

4. 鲁哀公祖载其父，孔子问曰："宁设桂③树乎?"哀公曰："不也。桂树者，起于介子推。子推，晋之人也，文公有内难，出国之狄，子推随其行，割肉以续军粮。后文公复国，忽忘子推，子推奉唱而歌，文公始悟当受④爵禄。子推奔介山，抱木而烧死。国人葬之，恐其神魂賨⑤于地，故作桂树焉。吾父生于宫殿，死于枕席，何用桂树为?"（《水经注》卷六）

5. 鲁哀公葬其父，孔子问曰："宁设魂衣乎?"哀公曰："魂衣起伯桃。伯桃，荆山之下，道逢寒死友人羊角，哀往迎其尸，愍魂神之寒，故改作魂衣。吾父生服锦绣，死于衣被，何用衣为?"问曰："何须幡上书其姓名?"答曰："幡招魂置其乾地，以魂识其名，寻名入于暗室，亦投之于魄。或入于重室，重者，重也。以重之内，具安祭食，以存亡各别，明暗不同。故鬼神暗食，生人明食。故重用蓬蒢，裹其食具，以安重内，置其神地也。"（《诸经要集》卷十九，《法苑珠林》卷九十七）

6. 鲁哀公葬其父，孔子问曰："宁设魂衣乎?"哀公曰："魂衣起宛荆。宛荆于山下道逢寒死羊角，友哀，往迎其尸，悯神之寒，故作魂衣。吾父生服锦绣，死于衣被，何魂衣为?"（《太平御览》卷八百八十六）

7. 鲁哀公葬父，孔子问曰："宁设桐人乎?"哀公曰："桐人起于虞卿。

---

① "起"，马国翰辑本作"起于"，衍"于"字。

② "伯夷、叔齐不食周粟而饿死首阳山"，《太平御览》作"伯夷、叔齐让国不食周粟而饿首阳之山"。

③ "桂"，马国翰辑本作"挂"，盖刻印之误。

④ "受"，马国翰辑本作"授"。按："受""授"之古字。

⑤ "賨"，马国翰辑本作"贾"，盖刻印之误。

虞卿，齐人，遇恶继母不得养，父死不得葬，知有过，故作桐人。吾父生得供养，何用桐人为？"（《太平御览》卷五百五十二）

8. 昔者鲁哀公祖载其父，孔子问曰："宁设三桃汤乎？"答曰："不也。桃者，起于卫灵公。有女嫁楚，乳母送新妇就夫家①，道闻夫死。乳母欲将新妇还，新妇曰：'女有三从，今属于人，死当卒哀。'因驾素车白马进到夫家，治三桃汤以沐死者②。出东门北隅，礼三终，使死者不恨。吾父无所恨，何用三桃汤③焉？"（《太平御览》卷九百六十七）

9. 别子为祖，诸侯母弟则不尽为祖矣。（《通典》卷七十三）

10. 礼有亲丧而君来吊，则免绖贯左臂去杖，迎拜于大门之外。见马首不哭，先入门右，庭中北面。君升自东阶，南面哭，主人乃哭。君出，又拜送大门外。又按，礼三年之丧，终服不吊。期之丧，既练而吊。大功之丧，既葬而吊。（《通典》卷八十三）

11. 老疾、三谏去者，为旧君服齐。（《通典》卷九十）

12. 庶子服出母，父在服齐缞周，父没不服。（《通典》卷九十四）

13. 为出继母，无服。④（《通典》卷九十四）

14. 周则没闰。（《通典》卷一百）

15. 礼，师弟子无服以吊。服加麻临之，哭之于寝。（《通典》卷一百零一）

16. 司徒文子改葬，其叔父问服于子思。子思曰：礼，父母改葬，缌而除，不忍无服送至亲也。（《通典》卷一百零二）

17. 本有三年之服者，道有远近，或有艰故，既葬而除，不待有三月之服也。非父母，无服，无服则吊服加麻。（《通典》卷一百零二）

18. 宜服改葬缌，卒事反故服。⑤（《通典》卷一百零二）

---

① "乳母送新妇就夫家"，马国翰辑本作"乳母送之"。

② "者"，马国翰辑本作"音"，盖刻印之误。

③ "三桃汤"，马国翰辑本作"桃汤"，脱"三"字。

④ 本条出自《通典》"为出继母不服议"条下，原文为"魏王肃云'无服'"。按："无服"二字后，马国翰辑本又误辑"季祖锺云'继母在如母，出则为父所去，不服也'"一句。

⑤ 此句原文为："魏荀侯云：'有小功丧服，改葬父母，服以重包轻，宜便服小功。'王肃以为'宜服改葬缌，卒事反故服'。"

19. 改葬缌，既虞而除之。(《通典》卷一百零二)

20. 棺毁见尸，痛之极也。今遇贼见毁，理无轻重也。(《通典》卷一百零二)

21. 斩缞之丧未葬，主丧不除。(《通典》卷一百零三)

第六章　王肃《礼记注》

曲礼上第一

1. 敖不可长，欲不可从。

【王肃注】敖，五高反，遨游也。长，直良反。(《经典释文》卷十一)

2. 是以君子恭敬、撙节、退让以明礼。

【王肃注】君上位，子下民。(《礼记正义》卷一)

3. 堂上接武。

【王肃注】足相接也。(《礼记正义》卷二)

4. 堂下布武。

【王肃注】谓迹间容足。(《礼记正义》卷二)

5. 席间函丈。

【异　文】"丈"，王肃本作"杖"。(《经典释文》卷十一)

【王肃注】古人讲说用杖指画，故或容杖也。(《礼记正义》卷二)

6. 献鸟者佛其首。

【王肃注】佛谓取首戾转之，恐其啄害人也。(《礼记正义》卷二)

7. 卒哭乃讳。

【王肃注】周人以讳事神，名终将讳之。始死哀遽，故卒哭乃令讳。(《通典》卷一百零四)

8. 礼不讳嫌名。

【王肃注】音相似者也。(《通典》卷一百零四)

9. 庙中不讳。

【王肃注】祝则名君，不讳君也。(《通典》卷一百零四)

114

10. 卜筮不过三。

【王肃注】礼以三为成也，上旬、中旬、下旬三卜筮，不吉则不举也。（《礼记正义》卷三）

11. 卜筮不相袭。

【王肃注】三筮及三卜不相袭。三者初各专其心也。（《礼记正义》卷三）

12. 日而行事，则必践之。

【王肃注】践，如字，履也。（《经典释文》卷十一）卜得可行之日，必履而行之。（《礼记正义》卷三）

曲礼下第二

13. 去国三世。

【王肃注】世，岁也，万物以岁为世。（《礼记正义》卷四）

14. 言谥曰类。

【王肃注】谓类象①其行，言于天子以求谥也。（《通典》卷一百零四）请谥于天子，必以其实为谥，类于平生之行也。（《礼记正义》卷五）

15. 豕曰刚鬣。

【王肃注】刚鬣，言肥大也。（《礼记正义》卷五）

16. 羊曰柔毛。

【王肃注】柔毛，言肥泽也。（《礼记正义》卷五）

17. 雉曰疏趾。

【王肃注】足间疏也。（《礼记正义》卷五）

18. 兔曰明视。

【王肃注】目精明，皆肥貌也。（《礼记正义》卷五）

19. 粱曰芗萁。

【王肃注】萁，音期。期，时也。（《经典释文》卷五）

---

① "象"，马国翰辑本无。

20. 死寇曰兵。

【王肃注】兵，死也。(《通典》卷八十三)

檀弓上第三

21. 曾子曰："朋友之墓，有宿草而不哭焉。"

【王肃注】谓过周不复哭。(《通典》卷一百零一)

22. 丧三年以为极亡，则弗之忘矣。

【异　文】"亡"，王肃本作"忘"，且以"极"字绝句。经文此句，王肃本作"丧三年以为极，忘则弗之忘矣"。①(《经典释文》卷十一)

23. 孔子少孤，不知其墓。

【王肃注】无此事，注记者谬。(《博物志》卷四)

24. 孟献子禫，悬而不乐，比御而不入。

【王肃注】二十五月大祥，其月为禫，二十六月作乐。所以然者，以下云"祥而缟，是月禫，徙月乐"。又与上文"鲁人朝祥而莫歌，孔子云踰月则其善"，是皆祥之后月作乐也。又《间传》云"三年之丧，二十五月而毕"，又《士虞礼》"中月而禫"，是祥月之中也，与《尚书》"文王中身享国"，谓身之中间同。又文公二年冬，"公子遂如齐纳币"，是僖公之丧至此二十六月。《左氏》云："纳币，礼也。"(《礼记正义》卷六) 若以二十七月禫，其岁末遭丧，则出入四年。《丧服小记》何以云再期之丧三年？(《礼记正义》卷六)

25. 死而不吊者三：畏、厌、溺。

【王肃注】犯法狱死谓之畏，《尔雅》曰："畏，刑者也。"(《通典》卷八十三)

26. 曾子曰："小功不税，则是远兄弟终无服也，而可乎？"

【王肃注】限内闻丧，则但服残日，若限满即止。(《礼记正义》卷七)

---

① 《经典释文》云："王以'极'字绝句，'亡'作'忘'，向下读。"

27. 哲人其萎乎?

【王肃注】萎,顿也。(《史记》卷四十七裴骃集解)

28. 夫明王不兴,而天下其孰能宗予?

【王肃注】伤道之不行也。(《史记》卷四十七裴骃集解)

29. 主人既祖填池。

【王肃注】填池,如字。(《经典释文》卷十一)

30. 公叔木有同母异父之昆弟死,问于子游。子游曰:"其大功乎。"

【王肃注】母嫁则祖父母外①无服,所谓绝族无施服也。唯母之身有服,所谓亲者属也。异父同母昆②弟不应有报③,此谓与继父同居,为继父周,故为④其子大功也。礼无明文,是以子游疑而答也。(《通典》卷九十一)

31. 子夏曰:"圣人之葬人,与人之葬圣人也,子何观焉?"

【王肃注】"圣人葬人与"属上句,以言若圣人葬人与,则人庶有异闻,得来观者。若人之葬圣人,与凡人何异?而子何观之?(《礼记正义》卷八)

檀弓下第四

32. 重,主道也。

【王肃注】重⑤,未立主之礼也。(《魏书》卷一百零八之二)

33. 人喜则斯陶。

【异　文】"人喜则斯陶",王肃本作"人喜则斯循,循斯陶"。(《礼记正义》卷九)

34. 孔子曰:"啜菽,饮水,尽其欢,斯之谓孝。"

【王肃注】熬豆而食曰啜叔⑥。(《经典释文》卷十一)

---

① "祖父母外",马国翰辑本作"外祖父母"。

② "昆",马国翰辑本作"兄"。

③ "报",马国翰辑本作"施"。

④ "为",马国翰辑本无。

⑤ "重",马国翰辑本无。

⑥ "叔",马国翰辑本作"菽"。

35. 宰夫执木铎以命于宫曰："舍故而讳新。"

【异　文】"舍"，王肃本作"舍"。(《通典》卷一百零四)

【王肃注】木铎，铃也，以木为舌也。故，谓五庙毁者。(《通典》卷一百零四)

36. 自寝门至于库门。

【王肃注】百官所在也。库门，宫外门。(《通典》卷一百零四)

37. 美哉奂焉!

【王肃注】奂，言其文章之貌也。(《礼记正义》卷十)

王制第五

38. 以三十年之通，制国用，量入以为出。

【王肃注】二十七年有九年之蓄，而言三十者，举全数。(《礼记正义》卷十二)

39. 天子七庙，三昭三穆，与大祖之庙而七。

【王肃注】天子七庙者，谓高祖之父及高祖之祖庙为二祧，并始祖及亲庙四为七。(《礼记正义》卷十二)尊者尊统上，卑者尊统下。故天子七庙，诸侯五庙，其有殊功异德，非太①祖而不毁，不在七庙之数。(《隋书》卷七)

40. 天子犆礿，祫禘，祫尝，祫烝。

【王肃注】禘为大，祫为小。② (《礼记正义》卷十二、《通典》卷四十九)

41. 不变，移之郊，如初礼。

【王肃注】天子四郊有学，去王都五十里。③ (《魏书》卷五十五)

42. 析言破律，乱名改作，执左道以乱政，杀。

【异　文】"乱名"，王肃本作"循名"。(《经典释文》卷十一)

---

① "太"，马国翰辑本作"大"。

② 此注，《通典》引作"禘大祫小"。

③ 此条及下文第47、49、52、54诸条之出处皆为《魏书》，马国翰辑本均作《后魏书》，盖误。又《礼记·月令》"中央土"一句下，马国翰辑曰"中郊五里，因土数也"，并注其出处曰《后魏书·刘芳传》。然考《后魏书·刘芳传》原文，并无"中郊五里，因土数也"，仅有"卢植云'中郊，五里之郊也'"一语。可知，"中郊五里，因土数也"，盖为马国翰误辑。

43. 五十养于乡，六十养于国。

【王肃注】养于乡，云不为力政；养于国，云不与服戎。皆谓养庶人之老也。(《礼记正义》卷十三)

44. 将徙于诸侯，三月不从政。自诸侯来徙家，期不从政。

【王肃注】据仕者，从大夫家出仕诸侯，从诸侯退仕大夫。(《礼记正义》卷十三)

月令第六

45. 月令

【王肃注】周公所作①。(《经典释文》卷十一)

46. 其祀户。

【王肃注】户、灶、中霤、门、行之祭②，以句芒、五官等③配焉。(《礼记集说》卷三十八)

47. 以迎春于东郊。

【王肃注】东郊八里，因木数也。(《魏书》卷五十五)

48. 天子居明堂左个。

【王肃注】明堂、辟雍、太学同处。(《隋书》卷四十九)

49. 以迎夏于南郊。

【王肃注】南郊七里，因火数也。(《魏书》卷五十五)

50. 举长大。

【王肃注】举形貌壮大者。(《礼记正义》卷十五)

51. 以定晏阴之所成。

【王肃注】晏，为以安定阴阳之所成。(《礼记正义》卷十六)

---

① 马国翰辑本注此注出处为《经典释文》和《博物志》。考《博物志》，有蔡邕之说，并无王肃之说，《博物志》卷三云："蔡邕云：'《礼记·月令》，周公作。'"
② "之祭"，马国翰辑本无。
③ "等"，马国翰辑本无。

52. 以迎秋于西郊。

【王肃注】西郊九里，因金数也。(《魏书》卷五十五)

53. 乃命宰祝循行牺牲，视全具。

【王肃注】纯色曰牺，体完曰全。(《礼记正义》卷十六)

54. 以迎冬于北郊。

【王肃注】北郊六里，因水数也。(《魏书》卷五十五)

曾子问第七

55. 少师奉子以衰。

【王肃注】谓以衰衣而奉之。(《礼记正义》卷十八)

56. 三月，乃名于祢。

【王肃注】前三日名之，云①未葬当称子某，故三日因②名之。此经既葬，称子不称名，故三月乃名也。(《礼记正义》卷十八)

57. 已祭而见伯父叔父，而后飨冠者。

【王肃注】兄弟饮冠者身。(《通典》卷五十六)

58. 康子立于门右，北面。公揖让，升自东阶。

【异　文】"北面"，王肃本无。③(《礼记正义》卷九)

礼运第九

59. 故人者，天地之心也。

【王肃注】人于天地之间，如五藏之有心矣。人乃生之最灵，其心五藏之最圣也。(《礼记正义》卷二十二)

60. 礼行于祖庙，而孝慈服焉。

【王肃注】孝慈之道，为远近所服也。(《礼记正义》卷二十二)

---

① "云"，马国翰辑本作"君"。
② "因"，马国翰辑本作"乃"。
③ 《礼记正义》卷九《檀弓下》正义云："古旧本及卢、王《礼》亦无'北面'字。"

礼器第十

61. 牺尊疏布。

【王肃注】牺，如字。（《经典释文》卷十二）为牺牛及象之形，凿其背以为尊，故谓之牺尊。（《礼记正义》卷三十一）

62. 观天下之物无可以称其德者，如此，则得不以多为贵乎？

【王肃注】欲遍取万物以祭天，终不能称其德，报其功，故以特牺贵诚悫之义也。（《礼记正义》二十三）

63. 周旅酬六尸。

【王肃注】毁庙无尸，但有主也。（《礼记正义》卷二十四）

64. 曾子曰："《周礼》其犹醵与？"

【异　文】"醵"，王肃本作"遽"。（《礼记正义》卷二十四）

【王肃注】曾子以为使六尸旅酬，不三献，犹遽而略。（《礼记正义》卷二十四）

郊特牲第十一

65. 郊特牲而社稷大牢。

【王肃注】周之始郊日以至，与圆丘同配以后稷。社祭句龙稷祭后稷。（《礼记正义》卷二十五）

66. 祭帝弗用也。

【王肃注】五帝非天。谓太皞、炎帝、黄帝①，五人帝之属。（《礼记正义》卷二十五）

67. 社祭土而主阴气也。

【王肃注】五行之主也，能吐生百谷者也。（《后汉书》卷十九李善注）

---

① 《礼记正义》原文作"谓大传、炎帝、黄帝"，马国翰辑本作"谓太皞、炎帝、黄帝"，是，今从之。

68. 君南乡于北墉下，答阴之义也。

【王肃注】阴气北向，故君南向以答之。（《南齐书》卷九）

69. 郊之用辛也，周之始郊，日以至。

【王肃注】董仲舒、刘向之说，以此为周郊。上文云"郊之祭，迎长日之至"，谓周之郊祭于建子之月，而迎此冬至长日之至也。而用辛者，以冬至阳气新用事，故用辛也。"周之始郊，日以至"者，对建寅之月，又祈谷郊祭。此言始者，对建寅为始也。（《礼记正义》卷二十六）

70. 八蜡以记四方。

【王肃注】八蜡，先啬一，司啬二，农三，邮表畷四，猫五，虎六，坊七，水庸八。（《礼记正义》卷二十六）

【考 证】《礼记正义》卷二十六云："郑注云：'先啬一，司啬二，农三，邮表畷四，猫虎五，坊六，水庸七，昆虫八。所祭之神合聚万物而索飨之，但以此八神为主腊。'"又云："郑数八神，约上文也。王肃分猫、虎为二，无昆虫。"由上可知，王肃所释"八腊"当为："先啬一，司啬二，农三，邮表畷四，猫五，虎六，坊七，水庸八。"

71. 灌以圭璋，用玉气也。

【王肃注】以圭璋为之柄也。瓒，所以斟鬯也，玉气絜润，灌用玉瓒①，亦求神之宜也。玉气亦是尚臭也。周言用玉，则殷不用圭瓒。（《礼记正义》卷二十六）

内则第十二

72. 后王命冢宰，降德于众兆民。

【王肃注】后王，君王，谓天子也。②（《礼记正义》卷二十七）

73. 桃诸，梅诸。

【王肃注】诸，菹也。谓桃菹、梅菹，即今之藏桃也、藏梅也。欲藏之

---

① "瓒"，马国翰辑本作"气"。
② 《经典释文》云："王肃云：'后王，君王也'。"无下句"谓天子也"。

时，必先稍干之，故《周礼》谓之"干蓤"。郑云"桃诸，梅诸"是也。（《礼记正义》卷二十七）

74. 芝栭、蔆、椇。

【王肃注】无华而实者名栭，皆芝属也。（《礼记正义》卷二十七）

75. 接以大牢。

【王肃注】接待夫人以大牢。（《礼记正义》卷二十八）

玉藻第十三

76. 君子之饮酒也，受一爵而色洒如也。

【异　文】"洒"，王肃本作"察"。（《经典释文》卷十二）

【王肃注】察，明貌也。（《经典释文》卷十二）

77. 二爵而言言斯，礼已三爵而油油。

【异　文】此句，王肃本作"二爵而言，言斯礼，三爵而油"，句读不同，且无"已"字和第二个"油"字。（《经典释文》卷十二）

【王肃注】二爵而言，饮二爵可以语也。言斯礼，语必以礼也。三爵而油，悦敬貌。（《经典释文》卷十二）

78. 听事不麻。

【王肃注】听事不麻也。（《礼记正义》卷三十）

明堂位第十四

79. 天子负斧依，南乡而立。

【王肃注】武王崩，成王年十三。（《礼记正义》卷三十一）

丧服小记第十五

80. 妾从女君而出，则不为女君之子服。

【王肃注】非属从，故不服。（《通典》卷八十九）

81. 三年而后葬者，必再祭。其祭之间不同时，而除丧。

【王肃注】不同者，异月也。谓葬后一月练，后一月大祥也。除重服宜有渐，间一月者，若异时矣。故言不同时者，但不同月耳。（《通典》卷一百零三）

82. 生不及祖父母、诸父、昆弟，而父税丧，已则否。

【王肃注】谓父与祖离隔，于生之时，祖父母已死，故曰生不及祖父母。若至长大，父税服，己则不服也。诸父，伯叔也。昆弟，诸父之昆弟也。（《通典》卷九十八）计己之生，不及此亲之存，则不税。若此亲未亡之前而已生，则税之也。（《礼记正义》卷三十二）

大传第十六

83. 改正朔，易服色，殊徽号。

【王肃注】徽，谓旌旗旐也。（《说文解字义证》卷四十一、《说文引经考证》卷四）

【考 证】"徽谓旌旗旐也"一句，见于《通典》卷五十五"以黑为徽号"条："崔灵恩云'徽，谓旌旗旐也'。"可知其为崔灵恩之说。清人多以此注为王肃之说，如桂馥《说文解字义证》云："《礼记·大传》'殊徽号'，王肃曰'徽，谓旌旗旐也'。"陈瑑《说文引经考证》云："《通典》引王肃《礼记注》云'徽，谓旌旗旐也'。"此外，马宗琏《春秋左传补注》、阮元《经籍纂诂》、王筠《说文解字句读》、朱骏声《说文通训定声》等亦持此说。马国翰所辑《礼记王氏注》和《三礼义宗》，分别将其视为王肃之说和崔灵恩之说，且出处皆注为"《通典》卷五十五"，颇为矛盾。推其原因，盖《通典》版本之异也，抑或崔灵恩亦袭自王肃之说。今且以桂馥《说文解字义证》和陈瑑《说文引经考证》标注其出处。

84. 有小宗而无大宗者。

【王肃注】谓君无嫡弟，以庶弟为小宗。（《通典》卷七十三）

85. 有大宗而无小宗者。

【王肃注】谓大宗一子，无小宗。（《通典》卷七十三）

86. 有无宗亦莫之宗者。

【王肃注】无宗谓君一身者也。亦莫之宗谓君有一弟为宗，无宗之者也。(《通典》卷七十三)

少仪第十七

87. 毋拔来。

【异　文】"拔"，王肃本作"校"。(《经典释文》卷十二)

【王肃注】校，古孝反。(《经典释文》卷十二)

乐记第十九

88. 宫为君。

【王肃注】居中总四方为君。(《史记》卷二十四裴骃集解)

89. 商为臣。

【王肃注】秋义断。(《史记》卷二十四裴骃集解)

90. 角为民。

【王肃注】春物并生，各以区别，民之象也。(《史记》卷二十四裴骃集解)

91. 征为事。

【王肃注】夏物盛，故事多。(《史记》卷二十四裴骃集解)

92. 羽为物。

【王肃注】冬物聚，故为物。(《史记》卷二十四司马贞索隐)

93. 清庙之瑟。

【王肃注】于清庙中所鼓之瑟。(《史记》卷二十四裴骃集解)

94. 有遗音者矣。

【王肃注】未尽音之极。(《史记》卷二十四裴骃集解)

95. 物至知知，然后好恶形焉。

【王肃注】事至以智知之，然后情之好恶见。(《史记》卷二十四裴骃集解)

96. 好恶无节于内，知诱于外，不能反躬，天理灭矣。

【王肃注】内无定节，智为物所诱于外，情从之动，而失其天性。(《史记》卷二十四裴骃集解)

97. 人为之节。

【王肃注】以人为之节，言得其中也。(《史记》卷二十四裴骃集解)

98. 乐胜则流。

【王肃注】流遁不能自还。(《史记》卷二十四裴骃集解)

99. 礼胜则离。

【王肃注】离析而不亲。(《史记》卷二十四裴骃集解)

100. 故事与时并，名与功偕。

【王肃注】有其时然后立其事，有功然后得受其名。(《史记》卷二十四裴骃集解)

101. 论伦无患。

【王肃注】言能合道论中伦理而无患也。(《史记》卷二十四裴骃集解)

102. 则此所与民同也。

【王肃注】自天子至民人，皆贵礼之节、乐之和，以事鬼神先祖也。(《史记》卷二十四裴骃集解)

103. 天地官矣。

【王肃注】各得其位也。(《史记》卷二十四裴骃集解)

104. 乐著大始，而礼居成物。

【王肃注】著，明也。明大始，谓法天也。成物，谓地也。居，亦谓法也。(《史记》卷二十四裴骃集解)

105. 昔者，舜作五弦之琴以歌《南风》。

【王肃注】《南风》，育养民之诗也。其辞曰："南风之薰兮，可以解吾民之愠兮。"(《史记》卷二十四裴骃集解)

106. 故其治民劳者，其舞行缀远。

【王肃注】远，以象民行之劳。(《史记》卷二十四裴骃集解)

107. 其治民逸者，其舞行缀短。

【王肃注】短，以象民行之逸。(《史记》卷二十四裴骃集解)

108. 《咸池》，备矣。

【王肃注】包容浸润，行化皆然，故曰"备矣"。(《史记》卷二十四裴骃集解)

109. 以法治也。

【王肃注】作乐，所以法其治行也。(《史记》卷二十四裴骃集解)

110. 善则行象德矣。

【王肃注】君行善，即臣下之行，皆象君之德。(《史记》卷二十四裴骃集解)

111. 粗厉、猛起、奋末、广贲之音作，而民刚毅。

【王肃注】粗厉，亢厉；猛起，发扬；奋末，浸疾；广贲，广大之也。(《史记》卷二十四裴骃集解)

112. 宽裕、肉好、顺成、和动之音作，而民慈爱。

【王肃注】肉好，言音之洪美。(《史记》卷二十四裴骃集解)

113. 流辟、邪散、狄成、涤滥之音作，而民淫乱。

【王肃注】狄成，言成而似夷狄之音也。涤，放荡。滥，僭差也。(《史记》卷二十四裴骃集解)

114. 以绳德厚。

【王肃注】绳，法也，法其德厚薄也。(《史记》卷二十四裴骃集解)

115. 广则容奸。

【王肃注】其音广大，则容奸伪。(《史记》卷二十四裴骃集解)

116. 狭则思欲。

【王肃注】其狭者，使人思利欲也。(《史记》卷二十四裴骃集解)

117. 是故清明象天，广大象地，终始象四时，周还象风雨。

【王肃注】清明广大，终始周旋，皆乐之节奏，容仪发动也。(《史记》卷二十四裴骃集解)

118. 百度得数而有常。

【王肃注】至乐之极，能使然耳。(《史记》卷二十四裴骃集解)

119. 三步以见方。

【王肃注】舞武乐三步为一节者，以见伐道也。(《史记》卷二十四裴骃

集解）

120. 奋疾而不拔。

【王肃注】舞虽奋疾而不失节，若树木得疾风而不拔。（《史记》卷二十四裴骃集解）

121. 独乐其志，不厌其道。

【王肃注】乐能使仁人独乐其志，不厌倦其道也。（《史记》卷二十四裴骃集解）

122. 乐师辨乎声诗。

【王肃注】但能别声诗，不知其义，故北面而弦。（《史记》卷二十四裴骃集解）

123. 治乱以相。

【王肃注】相，辅相也。（《经典释文》卷十三）

124. 奸声以滥，溺而不止。

【王肃注】奸声淫，使人不能自止。（《史记》卷二十四裴骃集解）

125. 及优、侏儒。

【王肃注】俳优，短人也。（《史记》卷二十四裴骃集解）

126. 宋音燕女溺志。

【王肃注】燕，欢悦。（《史记》卷二十四裴骃集解）

127. 钟声铿，铿以立号。

【王肃注】钟声高，故以之立号也①。（《史记》卷二十四裴骃集解）

128. 石声磬，磬以立辨，辨以致死。

【王肃注】磬②，声果劲。（《史记》卷二十四裴骃集解）

129. 竹声滥，滥以立会，会以聚众。

【王肃注】滥，会诸音。（《史记》卷二十四裴骃集解）

130. "发扬蹈厉之已蚤，何也？"

【王肃注】厉，疾也。备戒虽③久，至其发作，又疾也。（《史记》卷二

---

① "故以之立号也"，王肃本作"故以立号"。
② "磬"，《史记》作"硁"。
③ "虽"，马国翰辑本作"已"。

十四裴骃集解）

131. 对曰："及时事也。"

【王肃注】欲令之事各及时。（《史记》卷二十四裴骃集解）

132. "武坐致右宪左①，何也?"

【王肃注】右膝至地，左膝去地也。（《史记》卷二十四裴骃集解）

133. "声淫及商，何也?"

【王肃注】声韵歆羡，淫液②贪商也。（《礼记正义》卷三十九）

134. 对曰："非《武》音也。"

【王肃注】言武王不获，已为天下除残，非贪商也。（《史记》卷二十四裴骃集解）

135. 夫乐者，象成者也。

【王肃注】象成功而为乐。（《史记》卷二十四裴骃集解）

136. 揔干而山立，武王之事也。

【王肃注】揔持干盾，山立不动。（《史记》卷二十四裴骃集解）

137. 发扬蹈厉，大公之志也。

【王肃注】志在鹰扬。（《史记》卷二十四裴骃集解）

138. 《武》乱皆坐。

【王肃注】《武》乱，《武》之治也。皆坐，以象安民无事也。（《史记》卷二十四裴骃集解）

139. 三成而南。

【王肃注】诛纣已而南。（《史记》卷二十四裴骃集解）

140. 四成而南国是疆，

【王肃注】有南国以为疆界。（《史记》卷二十四裴骃集解）

141. 五成而分，周公左，召公右。

【王肃注】分陕东西而治。（《史记》卷二十四裴骃集解）

142. 六成复缀以崇，天子夹振之而驷伐，盛威于中国也。

【异　文】"驷"，王肃本作"四"。（《史记》卷二十四裴骃集解）

---

① "右宪左"，马国翰辑本作"左宪右"，误。

② "淫液"，马国翰辑本无。

【王肃注】以崇天子，以象尊崇天子。振，威武也。四伐者，伐四方与纣同恶者。一击一刺为一伐也。(《史记》卷二十四裴骃集解)

【考　证】《礼记正义》云："王肃读天子上属，谓作乐六成，尊崇天子之德矣。以是证论，王肃引《家语》而难郑云：'六成而复缀，以崇其为天子。'"① 由上可知，该句经文句读及文字，王肃本作："六成复缀，以崇天子，夹振之而四伐，盛威于中国也。"

143. 分夹而进，事蚤济也。

【王肃注】分部而并进者，欲事早成。(《史记》卷二十四裴骃集解)

144. 名之曰"建橐"。

【王肃注】所以能橐弓矢而不用者，将率之士力也。故建以为诸侯，谓之建橐也。(《史记》卷二十四裴骃集解)

145. 散军而郊射。

【王肃注】郊有学宫，可以习礼也。(《史记》卷二十四裴骃集解)

146. 则易、直、子谅之心，油然生矣。

【王肃注】易，平易；直，正直；子谅，爱信也。(《史记》卷二十四裴骃集解)

147. 故礼主其减，乐主其盈。

【异　文】"减"，王肃本作"谦"。(《史记》卷二十四裴骃集解)

【王肃注】谦，自谦损也。盈，充气志也。(《史记》卷二十四裴骃集解)

148. 礼减而进，以进为文。乐盈而反，以反为文。

【王肃注】礼自减损，所以修德进业也。乐充气志而反本也。(《史记》卷二十四裴骃集解)

149. 故礼有报。

【王肃注】礼自减损而以进为报也。② (《史记》卷二十四裴骃集解)

---

① (清) 阮元校刻《十三经注疏》，第 1542 页。
② "礼自减损而以进为报也"，马国翰辑本作"以进为报"。

杂记上第二十

150. 违诸侯，之大夫，不反服。违大夫，之诸侯，不反服。

【王肃注】所适尊卑同，反服旧君。(《通典》卷九十)

151. 茧衣裳，与税衣、纁袡为一。

【王肃注】袡，妇人蔽膝也。(《经典释文》卷十三)

杂记下第二十一

152. 有殡，闻外丧，哭之他室。入奠，卒奠出，改服即位，如始即位之礼。

【王肃注】往哭而退，不待敛也。(《通典》卷九十七)

153. 王父母、兄弟、世父、叔父、姑、姊妹，子与父同讳。

【王肃注】王父母之兄弟、伯父、叔父、姑、姊妹，皆父之所讳也。(《通典》卷一百零四)

154. 母之讳，宫中讳。妻之讳，不举诸其侧。与从祖昆弟同名，则讳。

【王肃注】同名，同从祖昆弟所讳之名也。从祖昆弟之父，小功之亲也，于礼不讳，妻名重则讳之。(《通典》卷一百零四)

丧大记第二十二

155. 君葬用輴。

【王肃注】輴，敕伦反。(《经典释文》卷十三)

156. 士葬用国车。

【王肃注】国，如字，一国所用。(《经典释文》卷十三)

祭法第二十三

157. 相近于坎坛。

【王肃注】相近，作"祖迎"。(《经典释文》卷十三)

158. 幽宗，祭星也。雩宗，祭水旱也。

【王肃注】宗，如字。（《经典释文》卷十三）此为六宗岁之常礼，宗伯不见，文不具也。（《礼记正义》卷四十六）

159. 是故王立七庙。

【王肃注】尊者尊统于上，天子七庙。其有殊功异德，非太祖而不毁，不在七庙之数，其礼与太祖同，则文武之庙是。（《通典》卷四十八）

160. 有二祧，享尝乃止。

【王肃注】祧者，五世、六世之祖。（《宋书》卷五十五）二祧乃是高祖之父、高祖之祖，与亲庙四皆次第而迁。文武为祖宗，不毁矣。（《周礼注疏》卷二十一）

161. 显考庙，祖考庙，享尝乃止。

【王肃注】诸侯立五庙，又两庙降于天子，不月祭也。（《通典》卷四十八）

162. 大夫立三庙二坛，曰考庙，曰王考庙，曰皇考庙，享尝乃止。

【王肃注】大夫无祖考庙，唯别子为宗者有祖考庙。然有祖考庙者，无王①考庙也。（《通典》卷四十八）

163. 官师一庙，曰考庙。

【王肃注】官师，中下士也。（《通典》卷四十八）

164. 王为群姓立社曰大社。王自为立社曰王社。

【王肃注】太社，王者布下圻内，为百姓立之。为百姓立之，谓之太社，不自立之于京师也。王社，亦谓春祈藉田，秋而报之也。（《通典》卷四十八）

165. 大夫以下成群立社，曰置社。

【王肃注】今之里社是也。（《宋书》卷十七，《晋书》卷十九）

166. 曰泰厉。

【王肃注】如周杜，鬼有所归，乃不为厉。（《晋书》卷十九）

---

① "王"，马国翰辑本作"皇"。

祭义第二十四

167. 如欲色然。

【王肃注】欲色，如欲见父母之颜色。郑何得比父母于女色？（《礼记正义》卷四十七）

168. 济济者，客也，远也。漆漆者，容也，自反也。客以远，若容以自反也。

【王肃注】客也，口白反，宾客也。（《经典释文》卷十三）客有其容。（《礼记正义》卷四十七）

169. 敬齐之色。

【王肃注】齐，侧皆反。（《经典释文》卷十三）

170. 既入庙门，丽于碑。

【王肃注】以编贯碑中，君从此待之也。（《礼记正义》卷四十七）

哀公问第二十七

171. 是尽，午其众，以伐有道。

【异　文】午，王肃本作"迕"。（《经典释文》卷十三）

【王肃注】迕，违也。（《经典释文》卷十三）

172. 公曰："寡人固。不固，焉得闻此言也？"

【王肃注】二固皆为固陋。上固言己之固陋，下固言若不鄙固则不问。不问，焉得闻此言哉？（《礼记正义》卷五十）

173. 孔子对曰："君子也者，人之成名也。百姓归之名，谓之君子之子。"

【王肃注】君上位，子下民。（《礼记正义》卷五十）

仲尼燕居第二十八

174. 吾语女：礼犹有九焉，大飨有四焉。

【王肃注】大飨九者：揖让而入门，入门而悬兴，揖让而升堂为一也；

升堂而乐阕二也；下管《象》《武》，《夏》《籥》序兴三也；陈其荐俎，序其礼乐，备其百官为四也。① 行中规五；还中矩六；和鸾中采齐七；客出以雍八；彻以振羽九。（《礼记正义》卷五十）

坊记第三十

175. 子云："孝以事君，弟以事长，示民不贰也。"

【王肃注】传云"太子之二"。子者，身之二，旁人称二。（《礼记正义》卷五十一）

中庸第三十一

176. 小人之中庸也，小人无忌惮也。

【异　文】"小人之中庸也"，王肃本作"小人之反中庸也"。（《经典释文》卷十四）

表记第三十二

177. 中心藏之。

【王肃注】藏，善。（《礼记正义》卷五十四）

服问第三十六

178. 夫人如外宗之为君也。

【王肃注】外宗，外女之嫁于卿大夫者也，为君服周。（《通典》卷八十一）

---

① "备其百官为四也"后，《礼记正义》原文为："添下五事，为九也。"下五事（行中规五；还中矩六；和鸾中采齐七；客出以雍八；彻以振羽九），马国翰辑本据郑注（《礼记正义》云："王肃以为大飨九者，其下五事与郑同。"）补之，今从之。

投壶第四十

179. 主人请曰："某有枉矢、哨壶，请以乐宾。"

【王肃注】枉，不直。哨，不正也。(《经典释文》卷十四)

儒行第四十一

180. 易衣而出。

【王肃注】更相衣而后可以①出。(《礼记正义》卷五十九)

181. 今众人之命"儒"也妄。

【王肃注】妄，忘尚反，虚妄也。(《经典释文》卷十四)

---

① "可以"，马国翰辑本无。

第七章　王肃《春秋左传注》

隐　公

元　年

1. 都城过百雉。

【王肃注】雉长三丈。(《春秋左传正义》卷二) 城高一丈曰堵，三堵曰雉。(《广韵》卷三)

桓　公

二　年

2. 大路越席。

【王肃注】不缘也。(《史记》卷二十三裴骃集解)

六　年

3. 卜士接之。

【王肃注】接待夫人以大牢。(《礼记正义》卷二十八)

十　八　年

4. 公谪之。

【王肃注】谪，丁革反。(《经典释文》卷十五)

庄　公

八　年

5. 连称有从妹在公宫，无宠，使间公。

【王肃注】侯公之间隙。（《史记》卷三十二裴骃集解）

闵　公

元　年

6. 为吴太伯，不亦可乎？

【王肃注】太伯知天命在王季，奔吴不反。（《史记》卷三十九裴骃集解）

7. 犹有令名，与其及也。

【王肃注】虽去，犹可有令名，何与其坐而及祸也？（《史记》卷三十九裴骃集解）

二　年

8. 吉禘于庄公。

【王肃注】二十五月除丧，即得行禘祭。（《春秋穀梁传注疏》卷六）

9. 虢公败犬戎于渭汭。

【王肃注】汭，入也。（《资治通鉴音注》卷八十九）

僖　公

十　五　年

10. 箕子曰：其后必大。

【王肃注】箕子，纣之诸父。（《春秋左传正义》卷十四）

二十七年

11. 于是晋作三军。

【王肃注】始复成国之礼，半周军也。(《史记》卷三十九裴骃集解)

文 公

二 年

12. 襄仲如齐，纳币礼也。

【王肃注】二十五月禫，除丧毕。(《礼记正义》卷六)

七 年

13. 不才吾唯子之怨。

【王肃注】怨其教导不至也。(《史记》卷三十九裴骃集解)

十 八 年

14. 使主后土。

【王肃注】君治九土之宜。(《史记》卷一裴骃集解)

宣 公

二 年

15. 文马百驷。

【王肃注】文马，画马也。(《史记》卷三十八裴骃集解)

三 年

16. 载祀六百。

【王肃注】载祀者，犹言年也。(《史记》卷四十裴骃集解)

17. 以是为而子。

【王肃注】以是兰也，而为汝子之名。(《史记》卷四十二裴骃集解)

襄　公

九　年

18. 令司官、巷伯儌官。

【王肃注】今后宫称永巷，是宫内道名也。伯，长也，是宫内门巷之长也。(《春秋左传正义》卷三十)

19. 相土因之。

【王肃注】契孙相土居商丘，故汤因以为国号。(《毛诗正义》卷二十)

十　四　年

20. 君义嗣也。

【王肃注】义，宜也。嫡子嗣国得礼之宜。(《史记》卷三十一裴骃集解)

二十六年

21. 衅于勇。

【王肃注】衅，谓自矜奋以夸人。(《春秋左传正义》卷三十七)

二十七年

22. 以诬道蔽诸侯。

【王肃注】谓以诬人之道掩诸侯也。(《春秋左传正义》卷三十八)

二十八年

23. 君国事大国。

【王肃注】君国谓为国君，言其为君之难也。(《春秋左传正义》卷三十八)

24. 舍不为坛。

【王肃注】坛，除地坦坦者。(《春秋左传正义》卷三十八)

二十九年

25. 始基之矣。

【王肃注】言始造王基也。(《史记》卷三十一裴骃集解)

26. 怨而不言。

【王肃注】非不能言，畏罪咎也。(《史记》卷三十一裴骃集解)

27. 犹燕之巢于幕上。

【王肃注】言至危。(《史记》卷三十一裴骃集解)

三 十 年

穆叔问王子之为政。

【王肃注】王子，楚令尹围也。(《春秋左传正义》卷四十)

28. 吏走问诸朝。

【王肃注】吏，不知麻者。(《春秋左传正义》卷四十)

三十一年

29. 以赢诸侯。

【王肃注】赢，读为盈，受也。(《春秋左传正义》卷四十)

昭 公

六 年

30. 士匄相士鞅，逆诸河，礼也。

【异　文】士匄，王肃本作"王正"。(《经典释文》卷十九)

七 年

31. 圣人有明德者，若不当世，其后必有达人。

【王肃注】谓若弗父何，殷汤之后，而不继世为宋君也。(《史记》卷四

十七裴骃集解）

十 三 年

32. 申之会，越大夫戮焉。

【王肃注】越大夫，常寿过也。申之会，经书淮夷，而不书越者，以常寿过有罪，不得列会，故不书越也。戮者，陈其罪恶以徇诸军，言将杀之，终亦不杀。过至今在楚，故怨而作乱。（《春秋左传正义》卷四十六）

33. 郑伯男也，而使从公侯之贡。

【王肃注】郑，伯爵，而连"男"言之，犹言曰"公侯"，足句辞也。（《春秋左传正义》卷四十六）

十 七 年

34. 天子失官，学在四夷。

【王肃注】郯，中国也，故吴伐郯，季文子叹曰：中国不振旅，蛮夷入伐，吾亡无日矣。孔子称学在四夷，疾时废也。郯，少皞之后，以其世则远，以其国则小矣。鲁，周公之后，以其世则近，以其国则大矣。然其礼不如郯，故孔子发此言也。失官，为所居之官不修其职也。仲尼学乐于苌宏，问官于郯子，是圣人无常师。（《春秋左传正义》卷四十八）

二十一年

35. 于騑御，吕封人华豹、张匄为右。

【王肃注】吕封人，华豹。（《春秋左传正义》卷五十）

二十三年

36. 亲其民人，明其伍候。

【异 文】"伍"，王肃本作"五"。（《春秋左传正义》卷五十）

【王肃注】五候：山候、林候、泽候、川候、平地候也。（《春秋左传正义》卷五十）

二十六年

37. 昔武王克殷。

【异　文】"武王"，王肃本作"文武"。(《春秋左传正义》卷五十二)

【王肃注】文王受命，武王伐纣，故云"文武克殷"。(《春秋左传正义》卷五十二)

38. 咸黜不端。

【王肃注】咸，皆也。(《春秋左传正义》卷五十二)

39. 玩求无度。

【王肃注】玩，贪也。(《春秋左传正义》卷五十二)

二十七年

40. 季子虽至。

【王肃注】聘晋还至也。(《史记》卷三十一裴骃集解)

41. 老母子弱。

【王肃注】专诸言王，母老子弱。(《史记》卷三十一裴骃集解)

三十一年

42. 季孙练冠、麻衣、跣行。

【王肃注】示忧慼。(《史记》卷三十三裴骃集解)

定　公

五　年

43. 城不知高厚，小大何知？

【王肃注】如是，小大何所知也？(《春秋左传正义》卷五十五)

十　年

44. 且牺象不出门，嘉乐不野合。

【王肃注】牺，音義。(《经典释文》卷六)牺尊，象尊，为牛、象之

142

形，背上负尊。(《春秋左传正义》卷五十六)

哀　公

元　年

45. 昔有过浇，杀斟灌以伐斟鄩。灭夏后相。

【王肃注】灭，杀也。古者灭杀，尊卑同名，其意言杀其君而灭其国。(《春秋左传正义》卷五十七)

46. 少康为有仍牧正。

【王肃注】牧正，牧官之长也。(《史记》卷三十一裴骃集解)

六　年

47. 《夏书》曰：惟彼陶唐，帅彼天常，有此冀方。今失其行，乱其纪纲，乃灭而亡。

【王肃注】太康时也。(《春秋左传正义》卷五十八)

七　年

48. 大伯端委以治周礼。

【王肃注】端委，委貌之冠，玄端之衣也。(《春秋左传正义》卷五十八)

十　一　年

49. 犹获石田也。

【王肃注】石田不可耕。(《史记》卷三十一裴骃集解)

十　四　年

50. 叔孙氏之车子鉏商获麟。

【王肃注】车士，将车者也。子，姓；鉏商，名。(《春秋左传正义》卷五十九)

十 五 年

51. 必或继之。

【王肃注】必有继续其后攻太子。(《史记》卷三十七裴骃集解)

十 六 年

52. 夏四月己丑，孔丘卒。公诔之曰："旻天不吊，不憖遗一老。"

【王肃注】吊，善也。憖，且也。一老，谓孔子也。(《史记》卷四十七裴骃集解)

53. 俾屏余一人以在位，茕茕余在疚。

【王肃注】疚，病也。(《史记》卷四十七裴骃集解)

54. 呜呼哀哉！尼父无①自律。

【王肃注】父，丈夫之显称也。律，法也，言毋以自为法也。(《史记》卷四十七裴骃集解)

---

① "无"，马国翰辑本作"毋"。

第八章　王肃《论语注》

学而第一

1. 子曰：学而时习之，不亦说乎?

【王肃注】时者①，学者以时诵习之②。诵习以时，学无废业，所以为说怿。③（《论语集解》卷一）

2. 虽曰未学，吾必谓之学矣。

【王肃注】言能行此四者，虽云未学而可谓已学也。（《论语集解义疏》卷一）

3. 子曰：不患人之不己知，患不知人也。

【王肃注】徒④患己之无能⑤。（《论语集解》卷一）

八佾第三

4. 揖让而升，下而饮。

【王肃注】射于堂⑥，升及下，皆揖让而相饮。（《论语集解》卷二）

---

① "时者"，马国翰辑本作"时习"。

② "之"，马国翰辑本作"也"。

③ 马国翰辑本于此条后注曰："何晏《集解》，用皇侃本，下并同。"由此可知，马国翰辑《论语王氏义说》所用何晏《论语集解》，为皇侃《论语集解义疏》本。

④ "徒"，马国翰辑本作"但"。

⑤ "无能"后，马国翰辑本有"知也"二字。

⑥ "射于堂"，马国翰辑本作"射于升堂"。

里仁第四

5. 仁者安仁，知者利仁。

【王肃注】知者知仁为美，故利而行之。(《论语集解》卷二)

公冶长第五

6. 子谓南容："邦有道不废，邦无道免于刑戮。" 以其兄之子妻之。

【王肃注】南容，弟子南宫绍，鲁人也，字子容。不废，言见用①。(《论语集解》卷三)

7. 子曰："朽木不可雕也，粪土之墙不可圬也。"

【王肃注】圬，镘②也。二者喻③虽施功④犹不成也。(《论语集解》卷三、《史记》卷六十七裴骃集解)

【考　证】《论语集解》云："王曰：'圬，镘也。二者喻虽施功犹不成也。'"《史记集解》云："王肃曰：'圬，墁也。二者喻虽施功犹不成也。'" 二书所引王肃注文，唯"镘"与"墁"相异。《说文解字》云："镘，铁杇也。" 即涂抹墙壁所用的铁制工具。《经典释文·尔雅音义》云："镘，本或作'槾'，又作'墁'。" 由此可知，"镘""槾""墁"三字相通，今且从《论语集解》。

雍也第六

8. 仲弓问子桑伯子。

【王肃注】伯子，书传无见焉。(《论语集解》卷三)

---

① "见用"，马国翰辑本作"见任用也"。
② "镘"，马国翰辑本作"槾"。
③ "喻"，马国翰辑本作"谕"。
④ "施功"，马国翰辑本作"施巧功"。

9. 子曰：中人以上可以语上也，中人以下不可以语上也。

【王肃注】上，谓上知之所知①也。两举中人，以其可上可下。（《论语集解》卷三）

10. 子曰："务民之义，敬鬼神而远之，可谓知矣。"

【王肃注】务，所以化道②民之义。（《论语集解》卷三）

11. 子曰："觚不觚，觚哉！觚哉！"

【王肃注】当时沈湎于酒，故曰"觚不觚"，言不知礼也。（《论语集解义疏》卷三）

述而第七

12. 子在齐闻《韶》，三月不知肉味，曰："不图为乐之至于斯也。"

【王肃注】为，作也，不图作《韶》乐至③于此。此，齐。（《论语集解》卷四）

13. 子不语怪力乱神。

【王肃注】怪，怪异也。力，谓若奡荡舟、乌获举千钧之属。乱，谓臣弑君、子弑父也。神，谓鬼神之事。或无益于教化，或所不忍言。（《论语集解》卷四）

泰伯第八

14. 子曰："泰伯，其可谓至德也已矣！三以天下让，民无得而称焉。"

【王肃注】泰伯，周大王之长子④。次弟仲雍，少弟曰季历。季历贤，又生圣子文王昌。昌必有天下，故泰伯以天下三让于王季，其让隐，故无

---

① "上知之所知"，马国翰辑本作"上智之人所知"。
② "道"，马国翰辑本作"导"。
③ "至"字前，马国翰辑本有"之"字。
④ "长子"，马国翰辑本作"太子"。

得①而称言之者，所以为至德也。（《论语集解》卷四）

15. 子曰："恭而无礼则劳，慎而无礼则葸，勇而无礼则乱，直而无礼则绞。"

【王肃注】葸，惧貌②。绞，刺也。（《论语笔解》卷上）

子罕第九

16. 拜下，礼也。今拜乎上，泰也。虽违众，吾从下。

【王肃注】臣之与君行礼者，下拜然后升成礼。时臣骄泰，故于上拜。今从下，礼之恭也。（《论语集解》卷五）

17. 子绝四：毋意，毋必，毋固，毋我。

【王肃注】无③任意，无专必，无固行，无有其身。（《论语笔解》卷上）

乡党第十

18. 孔子于乡党恂恂如也，似不能言者。

【王肃注】恂恂，温恭之貌④。（《论语集解》卷五）

19. 红紫不以为亵服。

【王肃注】亵服，私居服⑤。非公会之服⑥，皆不正。亵尚不衣，正服无所施。（《论语集解》卷五）

20. 非帷裳，必杀之。

【王肃注】衣必有杀缝，唯⑦帷裳无杀也。（《论语集解》卷五）

---

① "无得"二字前，马国翰辑本有"民家"二字。
② "葸，惧貌"，马国翰辑本无。
③ "无"，马国翰辑本作"不"。
④ "之貌"，马国翰辑本作"貌也"。
⑤ "服"字，马国翰辑本无。
⑥ "服"字后，马国翰辑本有"者也"二字。
⑦ "惟"，马国翰辑本作"唯"。

先进第十一

21. 子曰："夫人不言，言必有中。"

【王肃注】言必有中者，善其不欲劳民改作①。（《论语集解》卷六）

颜渊第十二

22. 颜渊曰："回虽不敏，请事斯语矣。"

【王肃注】敬事此语，必行之。（《论语集解》卷六）

23. 子曰："听讼，吾犹人也，必也使无讼乎！"

【王肃注】化之在前。（《论语集解》卷六）

24. 子张问政，子曰："居之无倦，行之以忠。"

【王肃注】言为政之道：居之于身，无得懈倦；行之于民，必以忠信。（《论语集解》卷六）

子路第十三

25. 仲弓为季氏宰，问政。子曰："先有司，赦小过，举贤才。"

【王肃注】言为政当先任有司，而后责其事。（《论语集解》卷七）

26. 故君子名之必可言也，言之必可行也。

【王肃注】所名之事，必可得而明言。所言之事，必可得而遵行。（《论语集解》卷七）

27. 子谓卫公子荆："善居室。"

【王肃注】荆与蘧瑗、史鰌，并为君子。（《论语集解》卷七）

28. 子曰："善人为邦百年，亦可以胜残去杀矣。诚哉是言也！"

【王肃注】胜残，胜残暴之人使不为恶也。去杀，不用刑杀也。（《论语

---

① "改作"，马国翰辑本作"更改作也"。

集解》卷七)

29. 定公问："一言而可以兴邦，有诸?"孔子对曰："言不可以若是，其几也。"

【王肃注】以其大要，一言不能正兴国。几，近也。有近一言可以兴国。(《论语集解》卷七)

30. 子曰："刚毅木讷，近仁。"

【王肃注】刚，无欲；毅，果敢；木，质朴；讷，迟钝。有斯四者，近于仁。(《论语集解》卷七)

宪问第十四

31. 子曰："贫而无怨难，富而无骄易。"

【王肃注】贫者善怨，富者善骄。二者之中，贫者人①难使不怨也。(《论语注疏》卷十四)

32. 岂若匹夫匹妇之为谅也，自经于沟渎而莫之知也。

【王肃注】经，经死于沟渎之中也。管仲、召忽之于公子纠，君臣之义未正成。故死之未足深嘉，不死未足多非。死事既难，亦在于过厚。故仲尼但美管仲之功，亦不言召忽不当死。(《论语集解》卷七)

33. 子曰："不患人之不己知，患其不能也。"

【王肃注】徒②患己之无能。(《论语集解》卷七)

卫灵公第十五

34. 子曰："由，知德者鲜矣。"

【王肃注】君子固穷，而子路愠见，故谓之少于知德。(《论语集解》卷八)

35. 子曰："人无远虑，必有近忧。"

【王肃注】君子当思患③而预防之④。(《论语集解》卷八)

---

① "人"，马国翰辑本作"尤"。
② "徒"，马国翰辑本作"但"。
③ "患"，马国翰辑本作"虑"。
④ "之"，马国翰辑本作"也"。

36. 子曰："君子不以言举人，不以人废言。"

【王肃注】不可以无德而废善言。(《论语集解》卷八)

37. 子曰："人能弘道，非道弘人。"

【王肃注】才大者道随大，才小者道随小，故不能弘人。(《论语集解》卷八)

38. 动之不以礼，未善也。

【王肃注】动必以礼，然后善。(《论语集解》卷八)

39. 子曰："君子不可小知，而可大受也；小人不可大受，而可小知也。"

【王肃注】君子之道深远，不可以小了知而可大受。小人之道浅近，可以小了知而不可以大受也。(《论语集解》卷八)

季氏第十六

40. 乐骄乐，乐佚游，乐宴乐，损矣。

【王肃注】佚游，出入不节①。(《论语集解》卷八)

41. 民到于今称之，其斯之谓与！

【王肃注】此所谓以德为称。(《论语集解》卷八)

阳货第十七

42. 子曰："巧言令色，鲜矣仁！"

【王肃注】巧言，无实。令色，无质。(《论语集解》卷九)

微子第十八

43. 微子去之，箕子为之奴，比干谏而死。

【王肃注】微，国名。子，爵。入为王卿士。箕子，纣之诸父。(《论语注疏》卷十八)

---

① "节"，马国翰辑本作"知节"。

子张第十九

44. 子夏曰:"君子信而后劳其民,未信则以为厉己也。"

【王肃注】厉,犹①病也。(《论语集解》卷十)

尧曰第二十

45. 子曰:"因民之所利而利之,斯不亦惠而不费乎?"

【王肃注】利民在政,无费于财。(《论语集解》卷十)

---

① "犹"字,马国翰辑本无。

第九章　王肃《孝经注》^①

开宗明义章第一

1. 仲尼居。

【王肃注】居，闲居也。（《经典释文》卷二十三）

2. 子曰："先王有至德要道，以顺天下。"

【王肃注】孝为德之至，又为道之要。（《孝经述议》卷二，《经典释文》卷二十三）

【考　证】《孝经述议》云："王肃云'孝为德之至，又为道之要'。"^②《经典释文》云："王云'孝为德之至也'……王云'孝为道之要'。"《孝经述议》和《经典释文》二书所引基本相同，今取前者。又，唐玄宗注曰："孝者，德之至，道之要也。"《孝经注疏》云玄宗此注"依王肃义"。由上可知，唐玄宗此注确实"依王肃义"，同时亦为"王肃义"之佐证。

---

① 陈鸿森先生对王肃《孝经注》作了全面、细致的钩沉整理，详见陈鸿森：《〈孝经〉孔传与王肃注考证》，《文史》2010年第4辑，第5-32页；又收入其著《汉唐经学研究》，中西书局2021年版，第201-235页。本章关于王肃《孝经注》的整理，对陈文多有参考，陈文所辑"凡三十二事"，本章调整合并为28条，又增补一条，共计29条。

② ［日］林秀一：《孝经述议复原研究》，乔秀岩、叶纯芳、顾迁编译，崇文书局2016年版，第369页。按：该书最早于1953年由东京文求堂书店出版，崇文书局所出编译版附有顾迁先生所编订的《古文孝经孔传述议读本》，颇便阅读。本章所引刘炫《孝经述议》，均依据编订版《古文孝经孔传述议读本》。

天子章第二

3. 子曰："爱亲者，不敢恶于人；敬亲者，不敢慢于人。爱敬尽于事亲，而德教加于百姓，刑于四海。盖天子之孝也。"

【王肃注】天子居四海之上，为教训之主，为教易行，故寄易行者宣之。(《孝经注疏》卷一)

诸侯章第三

4. 富贵不离其身，然后能保其社稷，而和其民人。

【王肃注】言富贵常在其身，则常为社稷之主，而人自和平也。(《孝经注疏》卷二)

卿大夫章第四

5. 非先王之法言不敢道。非先王之德行不敢行。

【王肃注】法言为《诗》《书》《礼》《乐》，法行为孝、友、忠、信。(《孝经述议》卷三①)

6. 是故非法不言，非道不行。

【王肃注】言必守法，行必遵道。(《孝经注疏》卷二)

士章第五

7. 资于事父以事母而爱同。

【王肃注】资，资取。(敦煌本《孝经义记》残卷②)

---

① ［日］林秀一：《孝经述议复原研究》，乔秀岩、叶纯芳、顾迁编译，崇文书局 2016 年版，第 395 页。

② 敦煌文书伯 3274 号残卷，为《孝经》释义之书，前三章残损，旧题《孝经郑注义疏》《孝经郑氏解义疏》等。陈鸿森先生认为旧说"称为义疏，殆非其实"，宜称"义记"，说详陈鸿森《〈孝经〉孔传与王肃注考证》，《文史》2010 年第 4 辑，第 7 页。今从陈先生之说，亦称《孝经义记》。

【考　证】陈鸿森《〈孝经〉孔传与王肃注考证》云："《义记》云：'刘先生以为资用之资，王肃以为资取之资。夫资取、资用俱归其一也。'盖刘瓛训'资'为资用，王肃则作'资取'解，二《注》略异而义可互通。"① 按：陈先生所言颇为允当，可以信据。

8. 故母取其爱，而君取其敬，兼之者父也。

【王肃注】母亦有敬，君亦有爱，不如父之笃耳。（《孝经述议》卷三②）言事父兼爱与敬也。（《孝经注疏》卷二）

庶人章第六

9. 孝无终始，而患不及者，未之有也。③

【王肃注】无终始而患不及其身者，未有此也。（敦煌本《孝经义记》残卷）

三才章第七

10. 子曰："夫孝，天之经也，地之义也，民之行也。"

【王肃注】天地为父母，万物为之子，五行更相生，终始相奉成，孝子之道也。（《孝经述议》卷三④）

11. 则天之明，因地之利。

【王肃注】象天常明之道，地有生长养人之利，万民所以尊敬奉养其亲者也。（《孝经述议》卷三⑤）

---

① 陈鸿森：《〈孝经〉孔传与王肃注考证》，《文史》2010 年第 4 辑，第 8 页。

② ［日］林秀一：《孝经述议复原研究》，乔秀岩、叶纯芳、顾迁编译，崇文书局 2016 年版，第 401 页。

③ 马国翰辑本于此条经文下引疏家"《仓颉篇》谓'患'为'祸'"七字为王肃《注》语，误，说详陈鸿森《〈孝经〉孔传与王肃注考证》，《文史》2010 年第 4 辑，第 8—9 页。

④ ［日］林秀一：《孝经述议复原研究》，乔秀岩、叶纯芳、顾迁编译，崇文书局 2016 年版，第 414 页。

⑤ ［日］林秀一：《孝经述议复原研究》，乔秀岩、叶纯芳、顾迁编译，崇文书局 2016 年版，第 417 页。

12. 是故先之以博爱，而民莫遗其亲。

【王肃注】君爱其亲，则人化之，无有遗其亲者。（《孝经注疏》卷三）

孝治章第八

13. 不敢遗小国之臣，而况于公侯伯子男乎。

【王肃注】小国之臣，至卑者耳，王尚接之以礼，况于五等诸侯，是广敬也。（《孝经注疏》卷四）

14. 灾害不生，祸乱不作。

【王肃注】丧亡曰祸，不治曰乱。（《孝经述议》卷三①）

圣治章第九

15. 昔者周公郊祀后稷以配天，宗祀文王于明堂，以配上帝。

【王肃注】配天，于南郊祀之。②（《史记》卷二十八裴骃集解）郊丘所祭，指祭上天；而天有金木水火土，以五方祭之，谓之五帝。（《孝经述议》卷四③）

16. 父子之道天性也，君臣之义也。

【王肃注】父子相对，又有君臣之义。（《孝经述议》卷四④）

17. 君亲临之，厚莫重焉。

【王肃注】以君之尊临正己，以亲之爱临加己。（《孝经述议》卷四⑤）

---

① ［日］林秀一：《孝经述议复原研究》，乔秀岩、叶纯芳、顾迁编译，崇文书局 2016 年版，第 428 页。

② 马国翰辑本于此注后又辑有"上帝，天也"一句，并云其出处为胡三省《资治通鉴音注》卷三十六。陈鸿森先生考证后认为，此"上帝，天也"之文，乃王肃《尚书注》语，马氏失考，误采之耳。说详陈鸿森《〈孝经〉孔传与王肃注考证》，《文史》2010 年第 4 辑，第 10 页。

③ ［日］林秀一：《孝经述议复原研究》，乔秀岩、叶纯芳、顾迁编译，崇文书局 2016 年版，第 435 页。

④ ［日］林秀一：《孝经述议复原研究》，乔秀岩、叶纯芳、顾迁编译，崇文书局 2016 年版，第 439 页。

⑤ ［日］林秀一：《孝经述议复原研究》，乔秀岩、叶纯芳、顾迁编译，崇文书局 2016 年版，第 440 页。

18. 言思可道，行思可乐。

【王肃注】思使其言可名道，思使其行可爱乐也。(《孝经述议》卷四①)

纪孝行章第十

19. 居则致其敬。

【王肃注】平居必尽其敬。(《孝经注疏》卷六)

五刑章第十一

20. 子曰："五刑之属三千，而罪莫大于不孝。"

【王肃注】三千之刑，不孝之罪最甚大。(《孝经述议》卷四②)

广至德章第十三

21. 教以孝，所以敬天下之为人父者也。教以悌，所以敬天下之为人兄者也。教以臣，所以敬天下之为人君者也。

【王肃注】举孝悌以为教，则天下之为人子弟者，无不敬其父兄也。举臣道以为教，则天下之为人臣者，无不敬其君也。(《孝经注疏》卷七)

广扬名章第十四

22. 居家理，故治可移于官。

【异　文】"故"字，王肃本无。(《孝经注疏》卷七)

---

① ［日］林秀一：《孝经述议复原研究》，乔秀岩、叶纯芳、顾迁编译，崇文书局 2016 年版，第 444 页。

② ［日］林秀一：《孝经述议复原研究》，乔秀岩、叶纯芳、顾迁编译，崇文书局 2016 年版，第 454 页。

谏诤章第十五

23. 诸侯有争臣五人。

【王肃注】五人，三卿、内史、外史。（敦煌本《孝经义记》残卷，《孝经述议》卷五①，《孝经注疏》卷七）

24. 大夫有争臣三人。

【王肃注】大夫有家相、室老、邑宰。（敦煌本《孝经义记》残卷，《孝经述议》卷五②，《孝经注疏》卷七）

感应章第十六

25. 子曰："昔者明王事父孝，故事天明；事母孝，故事地察。"

【王肃注】王者父事天，母事地。（《孝经注疏》卷八）

26. 长幼顺，故上下治。

【王肃注】天子至尊，然犹先兄后己，顺于长幼之宜。（《孝经述议》卷五③）

27. 修身慎行，恐辱先也。

【王肃注】天子虽无上于天下，犹修持其身，谨慎其行，恐辱先祖而毁盛业也。（《孝经注疏》卷八）

事君章第十七

28. 将顺其美，匡救其恶。

【王肃注】将，行也。君有美善，则顺而行之。匡，正也；救，止

---

① ［日］林秀一：《孝经述议复原研究》，乔秀岩、叶纯芳、顾迁编译，崇文书局2016年版，第485页。

② ［日］林秀一：《孝经述议复原研究》，乔秀岩、叶纯芳、顾迁编译，崇文书局2016年版，第485页。

③ ［日］林秀一：《孝经述议复原研究》，乔秀岩、叶纯芳、顾迁编译，崇文书局2016年版，第472页。

也。君有过恶，则正而止之。(《孝经注疏》卷八)

丧亲章第十八

29. 为之棺椁衣衾而举之。

【王肃注】举尸于棺而殡之，举棺于椁而葬之。(《孝经述议》卷五①)

第十章 王肃《圣证论》①

1. 《尚书》"禋于六宗"。郑注曰："以六宗言禋，与祭天同名，则六者皆是天之神祇，谓星、辰、司中、司命、风师、雨师。"

王肃曰："《家语》四时也、寒暑也、日也、月也、星也、水旱也，为六宗。"②（《礼记正义》卷四十六）

魏明帝诏③王肃："六宗之神意有几乎④?"对曰："坎为水，离为火，震为雷，巽为风，艮为山，兑为泽，先师所说曰六宗此⑤乾坤六子也。"（《北堂书钞》卷九十）

魏明帝时诏令王肃议六宗，取⑥《家语》宰我问六宗，孔子曰：所宗者六：埋少牢于太昭祭时，相近于坎坛祭寒暑，王宫祭日，夜明祭月，幽禜祭星，雩禜祭水旱。孔安国注《尚书》与此同。张融许⑦从郑君，于义为允。

---

① 王肃《圣证论》辑本有王谟辑本（共辑佚文28条）和马国翰辑本（共辑佚文35条）两种。关于王、马辑本的特点，据石瑊《〈圣证论〉王、马辑本比勘简札》可知，王本条目明晰，便于查阅；王本与马本相合佚文有二十组，这些应该是比较可信的《圣证论》佚文；马本辑佚来源丰富，且注意同源材料之间的比对，因此其辑佚在缀合与校勘方面俱优于王本。详见石瑊：《〈圣证论〉王、马辑本比勘简札》，《经学文献研究集刊》第十五辑，2016年，第286－296页。按：马国翰辑本不仅有王肃难郑之语，亦有马昭、孔晁、张融等人的驳、答和评，故其于《圣证论》题下云"魏王肃撰，晋马昭驳，孔晁答，张融评"。本章辑录《圣证论》，主要参考马国翰、王谟辑本，体例上稍作调整，内容上略有增补。另外，需要说明的是，因王肃《圣证论》内容复杂，有些佚文较难判定，本次整理一并存录，故有些佚文不免与前面章节有所重复。

② 《礼记正义》原文为："案《圣证论》王肃'六宗'之说，用《家语》之文，以此四时也、寒暑也、日也、月也、星也、水旱也，为六宗。"按：马国翰辑本在辑佚时作了文字上的调整，今从之，下同。

③ "诏"，马国翰辑本作"问"。

④ "六宗之神意有几乎"，马国翰辑本作"六宗竟几"。

⑤ "先师所说曰六宗此"，马国翰辑本无此八字。

⑥ "取"字前，王谟辑本有"肃"字。

⑦ "许"，王谟辑本作"评"。

(《周礼注疏》卷十八)

孔晁曰："乾坤之子为六宗。"(《礼记正义》卷四十六)

2. 《诗·干旄》"良马五之"，笺云："五之者，亦谓五见之也。"

王肃曰："古者一辕之车，驾三马则五辔，其大夫皆一辕车。夏后氏驾两谓之丽，殷益以一騑谓之骖，周人又益一騑谓之驷。本从一骖而来亦谓之骖，经言骖，则三马之名。"(《毛诗正义》卷三)

孔晁曰："作者历言三王之法。"(《毛诗正义》卷三)

3. 《诗·鸱鸮》笺云："成王不知其意而多罪其属党。兴者，喻此诸臣乃世臣之子孙，其父祖以勤劳有此官位土地。今若诛杀之，无绝其位，夺其土地。"

王肃曰："案经传内外，周公之党具存，成王无所诛杀，横造此言，其非一也；设有所诛，不救其无罪之死，而请其官位土地，缓其大而急其细，其非二也；设已有诛，不得云无罪，其非三也。"(《毛诗正义》卷八)

马昭曰："公党已诛，请之无及，故但言请子孙土地。"(《毛诗正义》卷八)

4. 《伐柯》《九罭》与《鸱鸮》同年，《东山》之作，在《豳风》之后，当于《鸱鸮》之下，次《伐柯》《九罭》《破斧》《东山》，然后终以《狼跋》，皆颠倒不次。

张融曰："简札误编，或者次诗不以作之先后。"(《毛诗正义》卷八)

5. 《诗·六月》"宣王北伐也"，郑以为"独遣吉甫，王不自行"。

王肃曰："宣王亲伐猃狁，出镐京而还，使吉甫迫伐追逐，乃至于太原。"①(《毛诗正义》卷十)

王基曰："《六月》使吉甫，《采芑》命方叔，《江汉》命召公，唯《常武》宣王亲自征耳。"(《毛诗正义》卷十)

孔晁曰："王亲自征耳。言《六月》王亲行，《常武》王不亲行，故《常武》曰'王命卿士、南仲太祖、太师皇父'，非王亲征也。"(《毛诗正

---

① 此句，马国翰辑本仅辑有"宣王亲伐猃狁"，无后之"出镐京而还，使吉甫迫伐追逐，乃至于太原"。

义》卷十)

6. 《诗·车辖》"以慰我心"，笺云："我得见女之新昏如是，则以慰除我心之忧也。"

王肃曰："慰为怨恨之义。《韩诗》'以愠我心'，愠，恚也。"本或作慰，安也。是马融义，马昭、张融论之详矣。(《经典释文》卷六)

7. 《诗·采绿》云"五日为期，六日不詹"，笺云："妇人过于时，乃怨旷。五日六日者，五月之日、六月之日也。期至五月而归，今六月犹不至，是以忧思。"

王肃曰："五日一御，大夫以下之制。"(《毛诗正义》卷十五)

孔晁曰："《传》因以行役过时刺怨旷也。故先序家人之情，而以行役者六日不至为过期之喻，非止六日。"(《毛诗正义》卷十五)

8. 《诗·皇矣》"侵阮徂共"，笺云："阮也、徂也、共也，三国犯周，而文王伐之。"

王肃曰："无阮、徂、共三国。"(《毛诗正义》卷十六)

孔晁曰："周有阮、徂、共三国，见于何书?"(《毛诗正义》卷十六)

张融曰："晁岂能具数此时诸侯，而责徂、共非国也?《鲁诗》之义，以阮、徂、共皆为国名，是则出于旧说，非郑之创造。书传七年年说一事，故其言不及阮、徂、共耳。书传亦无猃狁，《采薇》称猃狁之难，复文王不伐之乎?郑之所言，非无深趣。皇甫谧勤于考校，亦据而用之。"(《毛诗正义》卷十六)

9. 《诗·生民》笺云："祀郊禖之时，时则有大神之迹。姜嫄履之，足不能满，履其拇指之处，心体歆歆然，其左右所止住，如有人道感己者也。于是遂有身而肃戒不复御，后则生子而养长，名之曰弃。"

马融曰："帝喾有四妃，上妃姜嫄生后稷，次妃简狄生契，次妃陈锋生帝尧，次妃娵訾生帝挚。挚最长，次尧，次契。下妃三人皆已生子，上妃姜嫄未有子，故禋祀求子，上帝大安其祭祀而与之子。任身之月，帝喾崩。挚即位而崩，帝尧即位。帝喾崩后十月而后稷生，盖遗腹子也。虽为天所安①，然

---

① "安"，马国翰辑本作"授"。

寡居而生子，为众所疑，不可申说。姜嫄知后稷之神奇，必不可害，故欲弃之，以著其神，因以自明。尧亦知其然，故听姜嫄弃之。"肃以融言为然。（《毛诗正义》卷十七）

马昭曰："稷奇见于既弃之后，未弃之前，用何知焉？"（《毛诗正义》卷十七）

张融曰："稷、契年稚于尧，尧不与喾并处，帝位则稷、契，焉得为喾子乎？若使稷、契必喾子，如《史记》是尧之兄弟也。尧有贤弟七十不用，须舜举之，此不然明矣。《诗》之雅颂，姜嫄履迹而生，为周始祖，有娀以玄鸟生商，而契为玄王，即如《毛传》《史记》之说。喾为稷契之父，帝喾圣夫，姜嫄正妃，配合生子，人之常道，则《诗》何故但叹其母，不美其父？而云'赫赫姜嫄，其德不回，上帝是依，是生后稷'。周鲁何殊，特立姜嫄之庙乎？"（《毛诗正义》卷十七）

10.《诗·卷阿》"伴奂尔游矣"，笺云："伴奂，自纵弛之意也。"

王肃曰："周道广大而有文章，故君子得以乐易而来游，优游而休息。"（《毛诗正义》卷十七）

孔晁曰："孔子曰：'奂乎其有文章，伴乎其无涯。'"又曰："一人戒无逸，一人劝使纵弛，事相反戾，乃天之与地，何其疏实而妄争讼也！"（《毛诗正义》卷十七）

11.《诗·长发》"大禘也"，笺云："郊祭天也。"

王肃曰："大禘为殷祭，谓禘祭①宗庙，非祭天也。"（《毛诗正义》卷二十）

马昭曰："《长发》大禘者，宋为殷后，郊祭天以契配，不郊冥者，异于先王，故其诗咏契之德。宋无圆丘之礼，唯以郊为大祭，且欲别之于夏禘，故云大禘。"（《毛诗正义》卷二十）

12.《周礼·天官·玉府》"凡王之献"，郑注："古者致物于人，尊之则曰献。"

王肃曰："《家语》曰：'吾闻之君取于臣曰取，与于臣曰赐；臣取于君

---

① "祭"，马国翰辑本作"于"。

曰取①，与于君谓之献。'"（《周礼注疏》卷六）

马昭难曰："《礼记》曰'尸饮五，君②洗玉爵献卿'，况诸侯之中有二王之后，何得不云献也？"（《周礼注疏》卷六）

13. 《周礼·地官·媒氏》："媒氏掌万民之判。凡男女自成名以上，皆书年月日名焉。令男三十而娶，女二十而嫁。凡娶判妻入子者，皆书之。"郑注曰："二三者，二三者天地相承覆之数也。《易》曰'参天两地而奇数焉'。书之者，以别未成昏礼者。郑司农云：'入子者，谓嫁女者也。玄谓：'言入子者，容媵姪娣不聘之者。'"

王肃曰："《周官》云'令男三十而娶，女二十嫁'，谓男女之限，嫁娶不得过此也。三十之男，二十之女，不待礼而行之，所奔者不禁。娶何三十之限？前贤有言，丈夫二十不敢不有室，女子十五不敢不有其家。《家语》鲁哀公问于孔子：'男子十六精通，女子十四而化，是则可以生民矣。闻礼男三十而有室，女二十而有夫，岂不晚哉？'孔子曰：'夫礼言其极，亦不是过。男子二十而冠，有为人父之端。女子十五许嫁，有适人之道。于此以往，则自昏矣。'然则三十之男、二十之女、中春之月者，所谓言其极法耳。"（《周礼注疏》卷十四）

马昭曰："《礼记本命》曰：'中男三十而娶，女二十而嫁，合于中节。大古男五十而有室，女三十而嫁。'《尚书大传》曰：'孔子曰：男三十而娶，女二十而嫁，通于织纴纺绩之事，黼黻文章之美。不若是，则上无以孝于舅姑，而下无以事夫养子。'《穀梁传》曰：'男子二十而冠，冠而列丈夫，三十而娶。'尹更始云：'男三十而娶，女十五许嫁，筓，二十而嫁。'《曲礼》'三十曰壮，有室'。卢氏云：'三十盛壮，可以娶女。'《内则》'三十而有室，始理男事，女子十五筓，二十而嫁。有故，二十三而嫁'。经有'夫姊③之长殇'，旧说三十而娶，而有夫姊长殇者，何关盛衰？一说关畏厌溺而殇④之。卢氏以为衰世之礼也。"（《周礼注疏》卷十四）

---

① "取"，今本《孔子家语》作"假"。
② "君"，马国翰辑本作"王"。
③ "姊"，原作"妇"，马国翰辑本据《通典》改正，今亦从之，下同。
④ "殇"，原作"伤"，马国翰辑本作"殇"，今从之。

张融从郑及诸家说。①（《周礼注疏》卷十四）

14.《周礼·地官·媒氏》："中春之月，令会男女。于是时也，奔者不禁。若无故而不用令者，罚之。司男女之无夫家者而会之。"郑注曰："中春，阴阳交以成昏礼顺天时也。奔者不禁，重天时，权许之也。无故，谓无丧祸之变也。有丧祸者，娶得用非中春之月。《杂记》曰：'己虽小功，既卒哭，可以冠子、娶妻。'司，犹察也。无夫家，谓男女之鳏寡者。"

王肃曰："吾幼为郑学之时，为谬言寻其义，乃知古人可以于冬。自马氏以来，乃因《周官》而有二月。《诗》'东门之杨，其叶牂牂'，《毛传》曰：'男女失时，不逮秋冬。'三星，参也，十月而见东方，时可以嫁娶。"又云："时尚暇务须合昏因，万物闭藏于冬，而用生育之时，娶妻入室，长养之母，亦不失也。孙卿曰：'霜降逆女，冰泮杀止。'《诗》曰：'将子无怒，秋以为期。'《韩诗传》亦曰：'古者霜降逆女，冰泮杀止。士如归妻，迨冰未泮。'为此验也。而玄云：'归，使之来归于己，谓请期时。'来归之言，非请期之名也。或曰亲迎用昏，而曰'旭日始旦'，何用哉？《诗》以鸣雁之时纳采，以昏②时而亲迎，而《周官》中春令会男女之无夫家者，于是时奔者不禁，则昏姻之期非此日也。《孔子家语》曰：'霜降而妇功成，嫁娶者行焉。冰泮而农业起，昏礼杀于此。'又曰：'冬合男女，春颁爵位③。'"（《周礼注疏》卷十四）

王肃又曰："郑氏以二月为嫁娶之时，谬也。详寻其时，古人皆以秋冬。"（《玉烛宝典》卷二）

马昭难肃曰："《周礼》'仲春，令会男女'，《殷颂》'天命玄鸟，降而生商'，《月令》'仲春玄鸟至之日，祀于高禖，玄鸟孚乳之月，以为嫁娶之候'。"④（《通典》卷五十九）

马昭又难曰："《诗》云'有女怀春，吉士诱之''春日迟迟，女心伤

---

① 马国翰辑本于此句后又赘有"又《春秋外传》越于勾践……"一句。按：马氏赘辑之句当为贾疏，非张融之语。

② "昏"，原作"感"，马国翰辑本作"昏"，今从之。

③ "春颁爵位"，原作"秋班时位也"，马国翰辑本据《孔子家语》改正，今从之。

④ 此条，亦见于《周礼注疏》卷十四："《诗·殷颂》曰：'天命玄鸟，降而生商。'《月令》：'仲春玄鸟至之日，以大牢祠于高禖，天子亲往。玄鸟生乳之月，以为嫁娶之候，天子重之而祀焉。'"

悲'‘嘒彼小星，三五在东'‘绸缪束刍，三星在隅'‘我行其野，蔽芾其
樗'‘仓庚于飞，熠耀其羽'，凡此皆兴于仲春嫁娶之候。"（《通典》卷五
十九）

马昭又曰："肃引经‘秋以为期'，此乃淫奔之诗矣。"①（《通典》卷五
十九）

孔晁答曰："《周官》云‘凡娶判妻入子②者，皆书之'，此谓霜降之
候③，冰泮之时，正以礼婚者也。次言‘仲春令会男女，奔者不禁'，此婚
期尽，不待备礼。玄鸟至，祀高禖，求男之象④，非嫁娶之候。"（《通典》
卷五十九）

孔晁又曰："‘有女怀春'，毛云‘春不暇，待秋'。‘春日迟迟，女心
伤悲'，谓蚕事始起，感事而出。‘蔽芾其樗'，喻愚恶夫。‘熠耀其羽'，喻
嫁娶之盛饰。‘三星在隅'，孟冬之月，参见东方，举正昏以刺时。"⑤（《周
礼注疏》卷十四）

张融曰："《春秋》鲁送夫人、嫁女，四时通用，无讥文。然则孔子制
素王之法，以遗后世，男女以及时盛年为得，不限以日月。《家语》限以
冬，不附于《春秋》之正经，如是则非孔子之言嫁娶也。以仲春，著在
《诗》《易》《夏小正》之文，且仲春为有期之言。秋、冬、春三时嫁娶，
何自违也。《家语》冬合男女，穷天数之语。《诗》《易》《礼》传所载，
《咸》《泰》《归妹》之卦，《国风·行露》《绸缪》‘有女怀春'‘仓庚于
飞，熠耀其羽'‘春日迟迟'‘乐与公子同归'之歌，《小雅》‘我行其野，
蔽芾其樗'之叹，此春娶之证也。礼，诸侯越国娶女，仲春及冰未散请期，
乃足容往反也。秋如期往，淫奔之女，不能待年，故设秋迎之期。《摽有

---

① 此条，亦见于《周礼注疏》卷十四："《夏小正》曰：‘二月，冠子、嫁女、娶妻之时。'
‘秋以为期'，此淫奔之诗。"
② "子"，马国翰辑本作"室"。
③ "候"，马国翰辑本作"后"。
④ "象"，马国翰辑本作"祥"。
⑤ 此条，亦见于《通典》卷五十九："晁曰：‘有女怀春'，谓女无礼，过时故思。‘春日迟
迟'，蚕桑始起，女心悲矣。‘嘒彼小星'，喻妾侍从夫人。‘蔽芾其樗'，喻行遇恶人。‘熠耀其
羽'，喻嫁娶盛饰。皆非仲春嫁娶之候。玄据期尽之教，以为正婚，则奔者不禁，过于是月。"

梅》之诗，殷纣暴乱，娶失其盛时之年，习乱思治，故戒文王能使男女得及其时。陈、晋弃周礼，为国乱悲伤，故刺昏姻不及仲春。玄说云'嫁娶以仲春'，既有群证，故孔晁曰：'有女怀春'，毛云'春不暇，待秋'。'春日迟迟，女心伤悲'，谓蚕事始起，感事而出。'蔽芾其樗'，喻恩恶夫。'熠耀其羽'，喻嫁娶之盛饰。'三星在隅'，孟冬之月，参见东方，举正昏以刺时。此虽用毛义，未若郑云'用仲春为正礼'为密也。"（《周礼注疏》卷十四）

15. 《仪礼·士虞礼》："中月而禫。"郑注曰："以中月为间月。"

王肃曰："中月为月中。"（《通典》卷八十七）

宗郑者曰："祥之日，鼓素琴。孔子弹琴笙歌，乃存省之乐，非正乐也。正乐者，八音并奏，使工为之者也。"（《通典》卷八十七）

宗王者曰："按《礼记》云：'三年之丧，再周二十五月而毕。'又《檀弓》云：'祥而缟，是月禫，徙月乐。'又'鲁人有朝祥而暮歌者，子路笑之'，夫子曰：'踰月则其善也。'又'夫子既祥，五日弹琴而不成声，十日而成笙歌'。又'祥之日，鼓素琴'，以此证无二十七月之禫也。"（《通典》卷八十七）

郑学之徒曰："不云二十五月六月七月之中无存省之乐也，但论非是禫后复吉所作正乐耳。故郑注《丧服四制》'祥之日鼓素琴'云'尔以存乐也'。君子三年不为乐，乐必崩；三年不为礼，礼必坏。故祥日而存之，非有心取适而作乐。三年之丧，君子居之，若驹之过隙，故虽以存省之时，犹不能成乐。是以孔子既祥，五日弹琴而不成声。《礼记》云'二十五月而毕'者，论丧之大事毕也，谓除缞绖与垩室耳。余哀未尽，故服素缟麻衣，着未吉之服。为伯叔无禫，十三月而除；为母妻有禫，则十五月而毕；为君无禫，二十五月而毕；为父长子有禫，二十七月而毕。明所云'丧以周断'者，禫不在周中也。《礼记》'二十五月毕'者，则禫不在祥月，此特为重丧加之以禫，非论其正祥除之义也。三年之丧二十五月而毕者，论其正；二十七月而禫者，明其加。"（《通典》卷八十七）

王学之徒难曰："若二十五月大祥，二十七月而禫，二十八月作乐，则二十五月、二十六月、二十七月三月之中不得作乐者，何得《礼记》云

'祥之日，鼓素琴'‘孔子既祥，五日弹琴，十日笙歌’？又《丧大记》云：‘禫而内无哭者，乐作矣故也。’‘孟献子禫，悬而不乐’，此皆禫月有乐之义，岂合二十八月而始乐乎？"（《通典》卷八十七）

郑学之徒："嫌祥禫同月，不用远日，无中月之义者，祥禫之祭虽用远日，若卜远日不吉，则卜近日，若近得吉，便有中月之义也。所以知卜远不得吉得用近日者，以吉祭之时，卜近不吉，得卜远日。故《礼记》云：‘旬之内曰近某日，旬之外曰远某日。’《特牲馈食》云：‘近日不吉，则筮远日。’若吉事得用远，则凶事得用近，故有中月之义也。《礼记》作乐之文，或在禫月，或在异月者，正以祥禫之祭，或在月中，或在月末故也。丧事先远日，不吉则卜月初，禫在月中，则得作乐，此《丧大记》‘禫而内无哭者乐作矣故’‘孟献子禫，悬而不乐’之类皆是也。‘祥之日鼓琴者’，特是存乐之义，非禫后之乐也。"（《通典》卷八十七）

16.《礼记·檀弓上》："孔子少孤，不知其墓。"郑注曰："孔子之父鄹叔梁纥与颜氏之女征在野合而生孔子，征在耻焉，不告。"

王肃曰："圣人而不知其父死之与生，生不求养，死不奉祭，斯不然矣。"[①]（《全上古三代秦汉三国六朝文》卷七百四十一）

张融评曰："孔子既得合葬于防，言‘既得’，明未葬时未知墓处也。虽仲由之言，亦孔子不知其墓。若征在见娉，则当言墓以告，孔子何得不知其墓？"（《通典》卷一百零三）

17.《礼记·檀弓上》："死而不吊者三：畏、厌、溺。"郑注曰："人或时以非罪攻己，不能有以说之死之者，孔子畏于匡。"

王肃曰："孔子畏匡，德能自全也。使圣人卒离不幸，可得不痛悼而罪之乎？非徒贤者，设有罪愚人，亦不得不哀伤之也。"（《通典》卷八十三）

18.《礼记·檀弓上》："公叔木有同母异父之昆弟死，问于子游。子游曰：其大功乎。"郑注曰："疑所服也，亲者属，大功是。"

王肃曰："礼，称亲者血属，谓出母之身，不谓出母之子服也。若出母之子服大功，则出母之父母服应更重，何以为出母之父母无服？"又曰：

---

① 此条注释出处，马国翰辑本作"《通典》卷一百零三"，检《通典》并无此条，马氏恐误。

"同母异父兄弟服大功者，谓继父服齐衰，其子降一等，故服大功。"（《礼记正义》卷八）

王肃又曰："孔子但说宜服与不，未说服之轻重，故子游处以大功也。"又引《孔子家语》曰："邾人有同母异父之昆弟死，将为之服，因颜亥而问礼于孔子。曰：'继父同居者，则异父昆弟从为之服；不同居者，继父且犹不服，况其子乎！'"（《通典》卷九十一）

马昭曰："异父昆弟，恩系于母，不于继父。继父，绝族者也。母同生，故为亲者属，虽不同居，犹相为服。王肃以为从于继父而服，又言同居，乃失之远矣。子游狄仪，或言齐缞，或言大功，趋于轻重，不疑于有无也。《家语》之言，固所未信，子游古之习礼者也，从之不亦可乎？"①（《通典》卷九十一）

张融评曰："继父同居有子，正服齐衰三月，乃为其子大功，非服之差，玄说是也。"（《礼记正义》卷八）

张融又曰："与己同母，故服大功。而肃云从继父而降，岂人情哉？"（《通典》卷九十一）

19.《礼记·王制》："天子七庙，三昭三穆，与大祖之庙而七。"郑注曰："此周制。七者，大祖及文王、武王之祧与亲庙四。太祖，后稷。殷则六庙，契及汤与二昭二穆。夏则五庙，无大祖，禹与二昭二穆而已。"

王肃曰："周之文、武，受命之王，不迁之庙，权礼所施，非常庙之数。殷之三宗，宗其德而存其庙，亦不以为数。凡七庙者，皆不称周室。《礼器》云：'有以多为贵者，天子七庙。'孙卿云：'有天下者事七世。'又云：'自上以下，降杀以两。'今使天子诸侯立庙，并亲庙四而止，则君臣同制，尊卑不别。礼，名位不同，礼亦异数，况其君臣乎？又《祭法》云'王下祭殇五'，及五世来孙，则下及无亲之孙，而祭上不及无亲之祖，不亦诡哉！《榖梁传》云：'天子七庙，诸侯五。'《家语》云：'子羔问尊卑立庙制，孔子云：礼，天子立七庙，诸侯立五庙，大夫立三庙。'又云：

---

① 《礼记正义》卷八云："马昭曰：'异父昆弟，恩继于母，不继于父，肃以为从继父而服，非也。'"

'远庙为祧,有二祧焉。'又儒者难郑云:《祭法》'远庙为祧',郑注《周礼》云'迁主所藏曰祧',违经正文。郑又云'先公之迁主藏于后稷之庙,先王之迁主藏于文武之庙',便有三祧,何得《祭法》云'有二祧'?"(《礼记正义》卷十二)

马昭曰:"按《丧服小记》'王者立四庙',《王制》曰'天子七庙',是则立庙之正,以为亲限不过四也。亲尽为限,不过四也。亲尽之外,有大功德,可祖宗者也。有其人则七,无其人则少。"(《通典》卷四十七)

马昭又曰:"《礼纬·稽命征》云:'唐虞五庙,亲庙四,始祖庙一。夏四庙,至子孙五。殷五庙,至子孙六。①夏无大祖,宗禹而已,则五庙。殷人祖契而宗汤,则六庙。周尊后稷,宗文王、武王,则七庙。自夏及周,少不减五,多不过七。'《礼器》云:'周旅酬六尸。'一人发爵,则周七尸、七庙明矣。今使文武不在七数,既不同祭,又不享尝,岂礼也哉!故汉侍中卢植说文云:'二祧,谓文武。'《曾子问》'当七庙无虚主',《礼器》'天子七庙,堂七尺',《王制》'七庙',卢植云:'皆据周言也。'《穀梁传》'天子七庙',尹更始说天子七庙,据周也。《汉书》韦玄成四十八人议,皆云周以后稷始封,文武受命。《石渠论》《白虎通》云:'周以后稷、文、武特七庙。'"(《礼记正义》卷十二)

马昭又曰:"肃言文武不得称远庙,不得为二祧者,凡别远近以亲为限,亲内为近,亲外为远。文武适在亲外当毁,故言远庙。自非文武亲外,无不毁者。"(《通典》卷四十七)

孔晁曰:"夫无功德,则以亲远近为名。文武以尊重为祖宗庙,何取远近。故后稷虽极远,以为太祖,不为远也。"(《通典》卷四十七)

张融评曰:"谨按《周礼》守祧职'奄八人,女祧每庙二人'。自太祖以下与文、武及亲庙四用七人,姜嫄用一人,适尽。若除文、武,则奄少二人。《曾子问》孔子说周事而云'七庙无虚主',若王肃数高祖之父、高祖之祖庙,与文、武而九,主当有九,孔子何云'七庙无虚主'乎?故云以《周礼》、孔子之言为本,《谷梁》说及《小记》为枝叶,韦玄成、《石渠

---

① "唐虞五庙……至子孙六"三句,马国翰辑本据《礼记正义》前节曾引此三句而补,今从之。

论》《白虎通》为证验，七庙斥言，玄说为长。(《礼记正义》卷十二)

20.《礼记·王制》："天子犆礿，祫禘，祫尝，祫烝。"郑注曰："周改夏祭曰礿，以禘为殷祭也。鲁礼，三年丧毕而祫于大祖，明年春禘于群庙，自尔之后，五年而再殷祭，一祫一禘。"

王肃曰："贾逵说吉禘于庄公，禘者递也，审递昭穆，迁主递位，孙居王父之处。又引'禘于太庙'，《逸礼》'其昭尸穆尸，其祝辞总称孝子孝孙'，则是父子并列。《逸礼》又云"皆升合于其祖"，所以刘歆、贾逵、郑众、马融等皆以为然。"(《礼记正义》卷十二)

21. 禘祫。郑玄云："天子祭圆丘曰禘祭。宗庙大祭，亦曰禘。三年一祫，五年一禘。祫则毁庙，群庙之主于太祖庙合而祭之。禘则增及百官配食者，审谛而祭之。鲁礼，三年丧毕而祫，明年而禘。圆丘、宗庙大祭，俱称禘祭，有两禘明也。"

王肃曰："天子、诸侯皆禘于宗庙，非祭天之祭。郊祀后稷不称禘，宗庙称禘。禘、祫，一名也。合而祭之故称祫，审谛之故称禘，非两祭之名。三年一祫，五年一禘，总而互举之，故称五年再殷祭，不言一禘一祫，断可知矣。"(《魏书》卷一百零八)

王肃难郑玄十一条曰："《祭法》无圆丘之名，《周官》圆丘不名为禘，一也。玄注《大传》'禘'为郊，郊自稷配，而《祭法》'禘'以喾配，是玄乱礼之名实也。经典初无祭天为'禘'者，三也。玄谓圆丘祭昊天最尊，而以喾配。周不立喾之庙，尊喾不如稷，八也。若圆丘最尊，《孝经》当言'禘喾配天'，今乃称郊稷，九也。《诗·颂》无喾配圆丘之文，十也。《大雅》又不见，十一也。"(《仪礼经传通解续卷祭礼》卷四引《江都集礼》)

22.《礼记·月令》："孟夏之月，行赏封诸侯。"郑注曰："《祭统》曰：'古者于禘也，发爵赐服，顺阳义也。'于，尝也。出田邑，发秋政，顺阴义也，今此行赏可也。而封诸侯，则违于古封诸侯、出土地之事，于时未可，似失之。"

王肃曰："孟夏之月，天子行赏封诸侯，庆赐无不忻悦，故《左传》'赏以春夏'是也。"(《通典》卷七十一)

张融评曰："按《洛诰》，成王命周公后，封伯禽以周之正。《易·屯卦》

云'宜建侯'。据二经,周人封诸侯不以秋冬①也。"(《通典》卷七十一)

23.《礼记·礼运》:"其居人也曰养。"郑注曰:"养当为义,字之误也。下之则为教令,居人身为义。《孝经》说曰'义由人出'。"

王肃曰:"以下云'获而弗食,食而弗肥',字宜曰养。《家语》曰'其居人曰养',郑必破为义者②。"(《礼记正义》卷二十二)

马昭曰:"立人之道,曰仁与义。又此云'礼义者人之大端'下每云'义',故知'养'当为'义'也。"(《礼记正义》卷二十二)

张融评曰:"谨案亦从郑说。云下之则为教令,居人身为义者,郑为此注,欲明改'养'为'义'之意。言法天地山川下教于民者,则为教令法天地山川。居在人身之中者,则为义事,是不得为养也。引《孝经》说曰'义由人出'者,证义从人身而出也。"(《礼记正义》卷二十二)

24.《礼记·礼器》:"或素或青,夏造殷因。"郑注曰:"素尚白黑尚青者也,言所尚虽异,礼则相因耳。"

王肃曰:"夏同尧,皆尚其紫色。舜土德,王尚白。而尚青者,土以生为功。东方生物之始,故尚青土。既尚青,水则辟之青而用白也,故殷是水德而尚白。"(《礼记正义》卷二十三)

25.《礼记·郊特牲》:"天子大社。"郑注曰:"大社,王为群姓所立。"又曰:"社为五土之神,稷为原隰之神。句龙以有平水土之功,配社祀之。稷有播五谷之功,配稷祀之。"

王肃难郑曰:"《礼运》云'祀帝于郊所以定天位,祀社于国所以列地利',社若是地,应云定地位,而言列地利,故知社非地也。"(《礼记正义》卷二十五)

为郑学者马昭之等通之曰:"天体无形故须云定位,地有形不须云定位,故唯云列地利。"(《礼记正义》卷二十五)

王肃又难郑曰:"祭天,牛角茧栗而用特牲。祭社,用牛角尺而用大牢。又祭天地,大裘而冕。祭社稷,絺冕。又唯天子令庶民祭社,社若是地

---

① "秋冬",原作"春夏",马国翰辑本作"秋冬",是,今从之。

② "郑必破为义者"六字,马国翰辑本无。

神，岂庶民得祭地乎?"（《礼记正义》卷二十五）

为郑学者通之曰："以天神至尊而简质事之，故牛角茧栗而用特牲，服着大裘。天地至尊，天子至贵，天子祭社，是地之别体，有功于人，报其载养之功，故用大牢。贬降于天，故角尺也。祭用缔冕，取其阴类。庶人蒙其社功，故亦祭之，非是方泽神州之地也。"（《礼记正义》卷二十五）

王肃又难郑曰："《召诰》用牲于郊，牛二。明后稷配天，故知二牲也。又云社于新邑，牛一、羊一、豕一。明知唯祭句龙，更无配祭之人。"（《礼记正义》卷二十五）

为郑学者通之曰："是后稷与天尊卑所别，不敢同天牲。句龙是上公之神，社是地祇之别，尊卑不甚悬绝，故云配同牲也。"（《礼记正义》卷二十五）

王肃又难郑曰："后稷配天，《孝经》言配天，明夫后稷不称天也。①《祭法》及昭二十九年《传》曰：'句龙能平水土，故祀以为社。'不云祀以配社，明知社即句龙也。"（《礼记正义》卷二十五）

为郑学者通之曰："后稷非能与天同功，唯尊祖配之，故云不得称天。句龙与天②同功，故得云祀以为社，而得称社也。"（《礼记正义》卷二十五）

王肃又难郑曰："《春秋》说伐鼓于社责上公，不云责地祇，明社是上公也。又《月令》'命民社'，郑注云：'社，后土也。'《孝经》注云：'后稷，土也③。句龙为后土。'郑既云'社，后土'，则句龙也。是郑自相违反。"（《礼记正义》卷二十五）

为郑学者通之曰："伐鼓责上公者，以日食，臣侵君之象，故以责上公言之。句龙为后土之官，其地神亦名后土，故《左传》云'君戴皇天而履后土'，地称后土与句龙称后土，名同而无异也。郑注云：后土者，谓土神也，非谓句龙也。故《中庸》云郊社之礼，注云：'社，祭地神。'又《鼓人》云'以灵鼓鼓社祭'，注云'社祭，祭地祇也'，是社祭地祇也。"

---

① "《孝经》言配天，明夫后稷不称天也"一句，马国翰辑本作"《孝经》有配天明文，后稷不称天也"。

② "天"，马国翰辑本作"社"。

③ "后稷，土也"，马国翰辑本作"社，后土也"。

（《礼记正义》卷二十五）

孔晁①曰："普天之下，华岳列居。河海所流，丘陵坟衍，总谓之地。"（《大唐开元占经》卷四）

26.《礼记·郊特牲》："郊之用辛也，周之始郊日以至。"郑注曰："言日以周郊天之月而至，阳气新用事，顺之而用辛日。此说非也。郊天之月而日至，鲁礼也。三王之郊，一用夏正。鲁以无冬至祭天于圆丘之事，是以建子之月郊天，示先有事也。用辛日者，凡为人君，当斋戒自新耳。周衰礼废，儒者见周礼尽在鲁，因推鲁礼以言周事。"

王肃难郑曰："鲁冬至郊天，至建寅之月又郊以祈谷。故《左传》云'启蛰而郊'，又云'郊祀后稷以祈农事'，是二郊也。"（《礼记正义》卷二十六）

马昭曰："《榖梁传》云：'鲁以十二月下辛卜正月上辛。若不从，则以正月下辛卜二月上辛。若不从，则以二月下辛卜三月上辛。若不从，则止。'是鲁一郊则止。或用建子之月郊，则此云日'以至'及宣三年正月'郊牛之口伤'是也。或用建寅之月，则《春秋左传》云'郊祀后稷，以祈农事'是也。但《春秋》鲁礼也，无建丑之月耳。"（《礼记正义》卷二十六）

王肃又难郑曰："《郊特牲》曰'郊之祭迎长日之至'，下云'周之始郊日以至'，玄以为迎长日谓夏正也。郊天日以至，玄以为冬至之日。说其'长日至'于上，而妄为之说，又徙其'始郊日以至'于下，非其义也。玄又云：'周衰礼废，儒者见周礼尽在鲁，因推鲁礼以言周事。'若儒者愚人也，则不能记斯礼也；苟其不愚，不得乱于周、鲁也。郑玄以《祭法》禘黄帝及喾为配圆丘之祀，《祭法》说禘无圆丘之名，《周官》圆丘不名为禘，是禘非圆丘之祭也。玄既以《祭法》禘喾为圆丘，又《大传》'王者禘其祖之所自出'，而玄又施之于郊祭后稷，是乱礼之名实也。案《尔雅》云'禘，大祭也；绎，又祭也'，皆祭宗庙之名，则禘是五年大祭先祖，非圆丘及郊也。周立后稷庙，而喾无庙，故知周人尊喾不若后稷之庙重。而玄说

---

① 《大唐开元占经》原文作"《圣证论》孔昆曰"。按："昆"字盖为"晁"字之误。

圆丘祭天祀大者，仲尼当称'昔者周公禘祀啻圆丘以配天'，今无此言，知禘配圆丘非也。又《诗·思文》后稷配天之颂，无帝啻配圆丘之文，知郊则圆丘，圆丘则郊。所在言之，则谓之郊；所祭言之，则谓之圆丘。于郊筑泰坛，象圆丘之形，以丘言之，本诸天地之性。故《祭法》云'燔柴于泰坛'，则圆丘也。《郊特牲》云'周之始郊，日以至'，《周礼》云'冬至祭天于圆丘'，知圆丘与郊是一也。言始郊者，冬至阳气初动，天之始也。对启蛰及将郊祀，故言始。《孔子家语》云定公问孔子郊祀之事，孔子对之，与此《郊特牲》文同，皆以为天子郊祀之事。"（《礼记正义》卷二十六）

马昭申郑曰："《易纬》云'三王之郊，一用夏正'，则周天子不用日至郊也。夏正月阳气始升，日者阳气之主，日长而阳气盛，故祭其始升而迎其盛，《月令》天子正月迎春是也。若冬至祭天，阴气始盛，祭阴迎阳，岂为理乎？《周礼》云冬日至，祭天于地上之圆丘。不言郊，则非祭郊也。言凡地上之丘皆可祭焉，无常处，故不言郊。《周官》之制，祭天圆丘，其礼，王服大裘而冕，乘玉路，建大常。《明堂位》云：'鲁君以孟春祀帝于郊，服衮服，乘素车，龙旂。'衣服车旂皆自不同，何得以诸侯之郊说天子圆丘？言始郊者，鲁以转卜三正，以建子之月为始，故称始也。又《礼记》云鲁君臣未尝相弑，礼俗未尝相变，而弑三君，季氏舞八佾，旅于泰山，妇人髽而相吊，儒者此记岂非乱乎？据此诸文，故以郊、丘为别，冬至之郊特为鲁礼。"（《礼记正义》卷二十六）

张融评曰："谨按郊与圆丘是一。《韩诗》说三王各正其郊，与王肃同。又鲁以转卜三正，王与郑玄同。周礼圆丘服大裘，此及《家语》服衮冕。《家语》又云：'临燔柴，脱衮冕，着大裘，象天。'临燔柴，辍祭，脱衮，着大裘，象天，恭敬之义，既自不通。《家语》及此经郊祭并为鲁礼。圆丘是祭皇天，孟春祈谷于上帝，及龙见而雩，此五帝之等，并是皇天之佐，其实天也。祀大神，率执事而卜日，圆丘既卜日，则不得正用冬至之日。"[①]（《礼记正义》卷二十六）

---

① "《家语》及此经郊祭并为鲁礼"至"则不得正用冬至之日"数句，非《礼记正义》原文，乃约取之文。

27. 《礼记·乐记》："昔者舜作五弦之琴，以歌南风。"郑注曰："南风，长养之风也，以言父母之长养己，其辞未闻也。"

王肃难郑曰："《尸子》及《家语》云：昔者舜弹五弦之琴，其辞曰：'南风之薰兮，可以解吾民之愠兮。南风之时兮，可以阜吾民之财兮。'郑云'其辞未闻'，失其义也。"（《礼记正义》卷三十八）

马昭曰："《家语》，王肃所增加，非郑所见。又《尸子》杂说，不可取证正经，故言未闻也。"（《礼记正义》卷三十八）

28. 《礼记·乐记》"六成复缀以崇，天子夹振之而驷伐。"郑注曰："崇，充也。凡六奏以充武乐也。夹振之者，上与大将夹舞者，振铎以为节也。"

王肃难郑曰："'六成而复缀以崇其为天子'，此《家语》之文也。"（《礼记正义》卷三十九）

马昭申郑曰："凡乐之作，皆所以昭天子之德，岂特六成之末而崇之乎？"（《礼记正义》卷三十九）

孔晁难马昭曰："天子夹振用舞之法，在于经典。今谓天子夹振，此经之正文。又亲舞摠干，具如熊氏之说①，此则经典之证也。"（《礼记正义》卷三十九）

29. 《礼记·杂记》："大夫为其父母、兄弟之未为大夫者之丧，服如士服；士为其父母、兄弟之为大夫者之丧，服如士服。"郑注曰："大夫虽尊，不以其服服父母兄弟，嫌若踰之也。士谓大夫庶子为士者也，己卑又不敢服尊者之服。今大夫丧服礼逸。与士异者，未得而备闻也。《春秋传》曰：齐晏桓子卒，晏婴粗衰斩，苴绖带，杖，菅屦，食粥，居倚庐，寝苫，枕草。其老曰：'非大夫之礼也。'曰'惟卿为大夫'，此平仲之谦也。"

王肃曰："丧礼自天子以下无等，故曾子云：'哭泣之哀，齐斩之情，饘粥之食，自天子达。'且大国之卿与天子上士俱三命，故曰一也。晋士起大国上卿，当天子之士也。平仲之言'唯卿为大夫'，谓诸侯之卿，当天子之大夫，非谦辞也。春秋之时，尊者尚轻简，丧服礼制遂坏，群卿专政，晏子恶之，故服粗衰枕草，于当时为重，是以平仲云'唯卿为大夫'，逊辞以

---

① 《礼记正义》卷三十九载熊氏之说云："按《祭统》云'君执干戚就舞位，冕而摠干，率其群臣以乐皇尸'，又下云'食三老五更于大学，冕而摠干'，尚得亲舞，何以不得亲执铎乎？此执铎为祭天时也。"

辟害也。又《孟子》云：'诸侯之礼，三年之丧，齐疏之服，飦粥之食，自天子达于庶人，三代共之。'又此《记》云：'端衰、丧车皆无等。'又《家语》云：'孔子曰：平仲可为能远于害矣，不以己之是驳人之非，逊辞以辟咎也。'"（《礼记正义》卷四十）

马昭曰："《杂记》云'大夫为其父母兄弟之未为大夫者之丧，服如士服'，是大夫与士丧服不同者，而肃云'无等'，则是背经说也。"（《礼记正义》卷四十）

张融评曰："士与大夫异者，皆是乱世尚轻凉，非王者之达礼。小功轻重，不达于礼。郑言谦者，不异于远害。"（《礼记正义》卷四十）

30.《礼记·祭法》："有虞氏禘黄帝而郊喾，祖颛顼而宗尧。"郑注曰："禘郊祖宗，谓祭祀以配食也。此禘，谓祭昊天于圆丘也。祭上帝于南郊曰郊，祭五帝五神于明堂曰祖宗。祖宗通言尔，下有禘郊祖宗。《孝经》曰：宗祀文王于明堂，以配上帝。"

王肃驳郑曰："古者祖有功而宗有德，祖、宗自是不毁之名，非谓配食于明堂者也。审如郑义，则经当言祖祀文王于明堂，不得言宗祀也。凡宗者，尊也。周人既祖其庙，又尊其祀，孰谓祖于明堂者乎？郑引《孝经》以解《祭法》，而不晓周公本意，殊非仲尼之义旨也。"（《通典》卷四十四）

王肃又曰："《祭法》'禘黄帝'是宗庙五年祭之名，故《小记》云：'王者禘其祖之所自出，以其祖配之。'谓虞氏之祖出自黄帝，以祖颛顼配黄帝而祭，故云'以其祖配之'。依《五帝本纪》，黄帝为虞氏九世祖，黄帝生昌意，昌意生颛顼，虞氏七世祖。以颛顼配黄帝而祭，是'禘其祖之所自出，以其祖配之'也。祖宗为祖有功、宗有德，其庙不毁。郊与圆丘是一，郊即圆丘。"（《礼记正义》卷四十六）

王肃又难郑曰："案《易》'帝出乎震'，震东方，生万物之初，故王者制之，初以木德王天下，非谓木精之所生。五帝皆黄帝之子孙，各改号代变而以五行为次焉。何太微之精所生乎？又郊祭，郑玄云祭感生之帝，唯祭一帝耳，《郊特牲》何得云'郊之祭，大报天而主日'？又天唯一而已，何得有六？又《家语》云'季康子问五帝，孔子曰：天有五行，水火金木土①，

---

① "水火金木土"，《礼记正义》原引作"木火金水及土四"，不通，今据《孔子家语》改正。

分时化育，以成万物，其神谓之五帝'，是五帝之佐也。犹三公辅王，三公可得称王辅，不得称天王，五帝可得称天佐，不得称上天。而郑云以五帝为灵威仰之属，非也。玄以圆丘祭昊天，最为首礼，周人立后稷庙，不立喾庙，是周人尊喾不若后稷及文、武，以喾配至重之天，何轻重颠倒之失所？郊则圆丘，圆丘则郊，犹王城之内，与京师异名而同处。"（《礼记正义》卷四十六）

又王肃、孔晁曰："虞、夏出黄帝，殷、周出帝喾。《祭法》四代禘此二帝，上下相证之明文也。《诗》云'天命玄鸟''履帝武敏歆'，自是正义，非谶纬之妖说。"（《礼记正义》卷四十六）

马昭申郑曰："'王者禘其祖之所自出，以其祖配之'，案文自了，不待师说，则始祖之所自出，非五帝而谁？《河图》云：'姜原履大人之迹生后稷，大姒①梦大人死而生文王。'又《中候》云：'姬昌，苍帝子。'经纬所说明文。又《孝经》云'郊祀后稷以配天'，则周公配苍帝灵威仰。汉氏及魏，据此义而各配其行。《易》云'帝出乎震'，自论八卦养万物于四时，不据感生所出也。"（《礼记正义》卷四十六）

张融评曰："若依《大戴礼》及《史记》，稷、契及尧俱帝喾之子。尧有贤弟七十，不用须舜举之，此不然明矣。汉氏，尧之子孙，谓刘媪感②赤龙而生高祖，薄姬亦感而生文帝。汉为尧夙③而用火德。大魏绍虞，同符土行。又孔子删《书》，求史记，得黄帝玄孙帝魁之书。若五帝当身相传，何得有玄孙帝魁？据经典三代之正，五帝非黄帝子孙相续次也。一则稽之以汤、武革命，不改稷、契之行；二则验之以大魏与汉，袭唐、虞火、土之法；三则符之尧、舜、汤、武，无同宗祖之言；四则验以帝魁继黄帝之世，是五帝非黄帝之子孙也。"又云："禘为五年大祭。圆丘即郊，董仲舒、刘向、马融之论，皆以为《周礼》圆丘，则《孝经》云'南郊'与王肃同。"（《礼记正义》卷四十六）

31. 《礼记·祭义》："祀之忠也，如见亲之所爱，如欲色然。"郑注曰："如欲色者，以时人于色厚，假以喻之。"

王肃曰："欲色，如欲见父母之颜色。郑何得比父母于女色？"（《礼记

---

① "姒"，马国翰辑本作"任"。

② "感"，马国翰辑本无。

③ "夙"，马国翰辑本作"允"。

正义》卷四十七)

马昭曰:"孔子曰'吾未见好德如好色者',如此亦比色于德。"(《礼记正义》卷四十七)

张融评曰:"如好色,取其甚也,于文无①妨。"(《礼记正义》卷四十七)

32.《孝经》:"郊祀后稷以配天。"郑玄注曰:"祀感生之帝,谓东方青帝灵威仰。周为木德,威仰木帝,以后稷配苍龙精也。"

王肃曰:"案《尔雅》曰'祭天曰燔柴,祭地曰瘗埋',又曰'禘大祭也',谓五年一大祭之名。又《祭法》'祖有功宗有德,皆在宗庙',本非郊配。若依郑说以帝喾配祭圆丘,是天之最尊也。周之尊帝喾不若后稷,今配青帝乃非最尊,实乖严父之义也。且遍窥经籍,并无以帝喾配天之文。若帝喾配天,则经应云禘喾于圆丘以配天。不应云郊祀后稷也。天一而已,故以所在祭在郊,则谓为圆丘,言于郊为坛以象圆天。圆丘即郊也,郊即圆丘也'"(《孝经注疏》卷五)

张融评曰:"汉世英儒自董仲舒、刘向、马融之伦,皆主周人之祀昊天于郊,以后稷配,无如玄说配苍帝也。然则《周礼》圆丘,则《孝经》之郊,圣人因尊事天,因卑事地,安能复得祀帝喾于圆丘,配后稷于苍帝之礼乎?且在《周颂》'思文后稷,克配彼天',又《昊天有成命》'郊祀天地也',则郊非苍帝,通儒同辞。"(《孝经注疏》卷五)又曰:"玄注泉深广博,两汉四百余年,未有伟于玄者。然二郊之祭,殊天之祀,此玄误也。其如皇天祖所自出之帝,亦玄虑之失也。"(《旧唐书》卷一百零二)

33.《尚书·尧典》:"日中星鸟,以殷仲春;日永星火,以正仲夏;宵中星虚,以殷仲秋;日短星昴,以正仲冬。"郑注曰:"日长者,日见之漏五十五刻。日短者,日见之漏四十五刻。"

王肃难曰:"知日见之漏减昼漏五刻,不意马融为传②已减之矣。因马融所减而又减之,故日长为五十五刻。因以冬至反之,取其夏至夜刻以为冬至夜短,此其所以误耳。"(《尚书正义》卷二)

---

① "无",马国翰辑本作"何"。

② 马融云:"古制刻漏,昼夜百刻。昼长六十刻,夜短四十刻;昼短四十刻,夜长六十刻;昼中五十刻,夜亦五十刻。"(《尚书正义》卷二)

34.《尚书·舜典》：“四罪而天下咸服。”郑注曰：“禹治水事毕，乃流四凶。”

王肃难曰：“若待禹治水功成而后，以鲧为无功殛之，是为舜用人子之功而流放其父，则禹之勤劳适足为舜失五典克从之义。禹陷三千莫大之罪，进退无据，亦甚迂哉。”（《尚书正义》卷三）

35.《尚书·舜典》：“五刑有服，五服三就。”郑注曰：“五服，服别五百里，是尧之旧制。及禹弼之，每服之间更增五百里，面别至于五千里，相距为方万里。”

王肃难曰：“禹之功在平治山川，不在拓境广土，土地之广三倍于尧而书传无称也。则郑玄创造，难可据信。汉之孝武，疲敝中国，甘心夷狄，天下户口至减大半，然后仅开缘边之郡而已。禹方忧洪水，三过其门不入，未暇以征伐为事，且其所以为服之名，轻重颠倒，远近失所，难得而通矣。先王规方千里，以为甸服，其余均分之，公、侯、伯、子、男，使各有寰宇，而使甸服之外诸侯入禾藁，非其义也。史迁之旨，盖得之矣。”（《尚书正义》卷六）

36. 郊丘。郑注曰：“天有六天，郊丘各异。”

王肃曰：“天体无二，郊即圆丘，圆丘即郊。”又难郑氏谓：“天有六天，天为至极之尊，其体只应是一。”（《礼记正义》卷二十五）

王肃又曰：“五帝非天，《家语》谓太皞①、炎帝、黄帝，五人帝之属。”（《礼记正义》卷二十五）

37.《礼记·杂记》：“有三年之练冠，则以大功之麻易之，唯杖、屦不易。”

王肃曰：“范宣子之意，以母丧既练，遭降服大功，则易衰。以母之既练衰八升，降服大功衰七升，故得易之，其余则否。”（《礼记正义》卷四十一）

---

① “太皞”，《礼记正义》原作“大传”，王应麟《困学纪闻》、魏了翁《礼记要义》等书，皆引作“《家语》谓太皞、炎帝、黄帝，五人帝之属”，又《通典》卷四十二云：“其配祭以五人帝：春以太皞，夏以炎帝，季夏以黄帝，秋以少昊，冬以颛顼。”马国翰、王谟辑本皆作“太皞”，今从之。

38. 太和六年，尚书问祫禘之礼。

王肃对曰："祫禘之云无同四时常祭，先贤以为皆于太祖庙先献人心。郑云以禘祫合其庙祀，非礼者也。"（《北堂书钞》卷九十）

39. 郑众说五祀五色之官①于王者宫中。（《北堂书钞》卷九十）

40. 学者不知孟轲字，按子思书及《孔丛子》有孟子居即是轲也。轲少居坎轲，故名轲，字子居也。（《太平御览》卷三百六十二）

41. 昔国家有优，曰史利，汉氏旧优也。云梁冀有火浣布（布垢则洗之于火②）、切玉刀。一朝以为诞而不信也，正始初得火浣布乃信。（《艺文类聚》卷六十）

---

① "官"，马国翰辑本作"帝"。
② "布垢则洗之于火"七字，马国翰辑本据《艺文类聚》卷八十五补，今从之。

附　录

附录一　王肃年谱简编

汉献帝兴平二年（195 年）　　　一岁

王肃生于会稽。

［出处］《三国志·许靖传》裴注引《魏略》载王朗与文休书曰："仆连失一男一女，今有二男：大儿名肃，年二十九，生于会稽；小儿裁岁余。"

［考证］王朗于初平四年（193 年）至建安元年（196 年）任会稽太守，其致书好友许靖明言王肃生于会稽，又王肃卒于甘露元年（256 年），时年六十二，则可知王肃生于兴平二年（195 年）其父会稽太守任上。

［记事］是年二月起，董卓故将郭汜、李傕相攻，长安大乱。七月，献帝出长安东行，十二月至安邑，书籍散亡。许劭卒。郑玄六十九岁。

汉献帝建安元年（196 年）　　　二岁

［记事］王肃父王朗阻击孙策失败，投降孙策。七月，汉献帝至洛阳。八月，曹操帅兵至洛阳，随后护驾迁都许昌，改元建安。孙策攻取会稽，自任会稽太守。北海太守孔融为袁绍子袁谭所破，曹操征孔融为将作大匠。

建安三年（198 年）　　　四岁

［记事］曹操表表征王肃父王朗。十二月，曹操杀吕布、陈宫。

建安四年（199 年）　　　五岁

［记事］王肃父王朗辗转至许昌，拜谏议大夫，参司空事。春，袁绍攻破易京，杀公孙瓒。六月，袁术卒。荆州牧刘表立学官。

建安五年（200 年）　　　六岁

［记事］经学大师郑玄卒，年七十四。官渡之战，袁绍大败。孙策卒，

曹操表孙权为讨虏将军，领会稽太守。

建安六年（201 年）　　七岁

［记事］经学家赵歧卒，年九十余。

建安七年（202 年）　　八岁

［记事］五月，袁绍卒。

建安十三年（208 年）　　十四岁

［记事］曹操为丞相，以崔琰为西曹掾，以毛玠为东曹掾，以司马朗为主簿，司马懿为文学掾。八月，孔融为曹操所杀，年五十六。曹操南征，王朗亦随军。刘表卒。十一月，周瑜破曹军于赤壁。

建安十四年（209 年）　　十五岁

王肃始志于学，学习郑玄之学。

［出处］《孔子家语解序》云："自肃成童，始志于学，而学郑氏学矣。"

［考证］关于成童年龄，有两种说法，一是八岁①，一是十五岁②。今取郑玄十五岁之说。

［记事］学者荀悦卒，年六十二。

建安十五年（210 年）　　十六岁

［记事］曹操下"唯才是举"令。周瑜卒，鲁肃代周瑜领兵。

建安十七年（212 年）　　十八岁

王肃师从宋忠学习《太玄》，更为之解。著有《扬子太玄经注》七卷③。

［出处］《三国志·王肃传》云："年十八，从宋忠读《太玄》，而更为之解。"

建安十八年（213 年）　　十九岁

［记事］曹操封魏公，加九锡，王朗以军祭酒兼任魏郡太守。

建安十九年（214 年）　　二十岁

［记事］王朗历任少府、奉常、大理等职。七月，曹操出兵击孙权。荀攸卒。庞统卒。

---

① 《穀梁传·昭公十九年》范宁注云："成童，八岁以上。"
② 《礼记·内则》郑玄注云："成童，十五以上。"
③ 南朝梁阮孝绪《七录》曾著录此书，今已亡佚。

建安二十一年（216 年）　　　二十二岁

［记事］五月，曹操称魏王，召众臣议"复肉刑"，王朗时任大理，反对恢复，获众臣支持。中尉崔琰以"怨谤"下狱死。八月，以锺繇为相国。

建安二十二年（217 年）　　　二十三岁

［记事］王朗孙女王元姬生。十月，魏以五官中郎将曹丕为太子。是年，中原疫疠起，"建安七子"除孔融、阮瑀已卒，其余均以疫疠卒。神医华佗因忤曹操，被杀。

建安二十五年、魏文帝黄初元年（220 年）　　　二十六岁

［记事］正月，曹操卒，年六十六。曹丕嗣位为丞相、魏王。二月，以太中大夫贾诩为太尉，御史大夫华歆为相国，大理王朗为御史大夫。尚书陈群立九品官人之法，即九品中正制，作为选官制度。十月，曹丕代汉称帝，是为魏文帝。十一月，以汉献帝为山阳公。追尊曹操为魏武帝。华歆改任司徒，王朗改任司空。十二月，定都洛阳。思想家仲长统卒。蜀将黄忠卒。

魏文帝黄初二年（221 年）　　　二十七岁

［记事］正月，以议郎孔羡为宗圣侯，奉孔子祀。三月，恢复五铢钱。四月，刘备即帝位，以诸葛亮为丞相，许靖为司徒。六月，蜀将张飞为部将所杀。七月，刘备亲自率兵攻孙权。八月，孙权向魏称臣，魏遣使封孙权为吴王。

黄初三年（222 年）　　　二十八岁

王肃任散骑侍郎。

［出处］《三国志·王肃传》载："黄初中，为散骑黄门侍郎。"

［考证］黄初共有七年，姑且将其任职散骑侍郎系于此年。

［记事］闰六月，吴将陆逊以火攻大败蜀军，刘备退居白帝城。九月，魏攻吴。十月，孙权称帝，建元黄武。魏将张辽卒。蜀太傅许靖卒，年七十余。

黄初四年（223 年）　　　二十九岁

仍任散骑侍郎。

［记事］四月，刘备卒，年六十三。五月，太子刘禅即位，改元建兴，封丞相诸葛亮为武乡侯。八月，魏文帝曹丕在许下大兴屯田，意欲东征，司

空王朗上《谏东征疏》。十月，诸葛亮与吴修好。曹仁卒。贾诩卒。

黄初五年（224 年）　　三十岁

仍任散骑侍郎。

[记事] 魏立太学，置博士。魏文帝攻吴，至广陵，临江而还。

黄初六年（225 年）　　三十一岁

[记事] 魏以陈群为镇军大将军，司马懿为抚军大将军。诸葛亮与孟获战，凡七擒七纵，孟获乃服。光禄大夫杨彪卒，年八十四。

黄初七年（226 年）　　三十二岁

[记事] 五月，魏文帝曹丕卒，年四十。曹叡嗣位，是为明帝。十二月，以钟繇为太傅，曹休为大司马，曹真为大将军，华歆为太尉，王朗为司徒，陈群为司空，司马懿为骠骑大将军。

魏明帝太和二年（228 年）　　三十四岁

十一月，父王朗薨，王肃袭父爵。

[出处]《三国志·明帝纪》载："十一月，司徒王朗薨。十二月，诸葛亮围陈仓，曹真遣将军费曜等拒之。"

[记事] 正月，司马懿斩杀孟达。春，诸葛亮出祁山，首次攻魏。魏将张郃破蜀军先锋马谡，诸葛亮斩马谡。九月，魏大司马曹休卒。十二月，诸葛亮第二次攻魏。

太和三年（229 年）　　三十五岁

王肃任散骑常侍。

[出处]《三国志》本传载："太和三年，拜散骑常侍。"

[记事] 孙权称帝，改元黄龙。

太和四年（230 年）　　三十六岁

大司马曹真征蜀，王肃上《谏征蜀疏》《陈政本疏》。

[出处]《三国志》本传载："（太和）四年，大司马曹真征蜀，肃上疏曰：'前志有之，"千里馈粮，士有饥色，樵苏后爨，师不宿饱"，此谓平途之行军者也。又况于深入阻险，凿路而前，则其为劳必相百也。今又加之以霖雨，山阪峻滑，众逼而不展，粮悬而难继，实行军者之大忌也。闻曹真发已逾月而行才半谷，治道功夫，战士悉作。是贼偏得以逸而待劳，乃兵家之

所惮也。……兆民知圣上以水雨艰剧之故，休而息之，后日有衅，乘而用之，则所谓悦以犯难，民忘其死者矣。'于是遂罢。"

[记事] 是年七月，曹真征蜀。魏太傅锺繇卒。吴质卒。

太和五年（231 年）　　三十七岁

三月，曹真薨，王肃上《请为大司马曹真临吊表》。是年，肃女王元姬十五岁，嫁与司马懿次子司马昭①。

[记事] 魏大司马曹真卒。魏将张郃卒。魏太尉华歆卒。

太和六年（232 年）　　三十八岁

王肃上《奉诏为瑞表》，作《答尚书难》。

[记事] 魏陈思王曹植卒，年四十一。

魏明帝青龙二年（234 年）　　四十岁

山阳公（汉献帝）刘协薨，王肃上《请山阳公称皇配谥疏》《王侯在丧袭爵议》。

[出处]《三国志·王肃传》载："青龙中，山阳公薨，汉主也。肃上疏曰：'昔唐禅虞，虞禅夏，皆终三年之丧，然后践天子之尊。是以帝号无亏，君礼犹存。今山阳公承顺天命，允答民望，进禅大魏，退处宾位。公之奉魏，不敢不尽节。魏之待公，优崇而不臣。既至其薨，槥敛之制，舆徒之饰，皆同之于王者，是故远近归仁，以为盛美。且汉总帝皇之号，号曰皇帝。有别称帝，无别称皇，则皇是其差轻者也。故当高祖之时，土无二王，其父见在而使称皇，明非二王之嫌也。况今以赠终，可使称皇以配其谥。'明帝不从使称皇，乃追谥曰汉孝献皇帝。"

[记事] 诸葛亮卒，年五十四。蜀将魏延卒。

青龙四年（236 年）　　四十二岁

王肃以散骑常侍领秘书监，兼崇文观祭酒。上《论秘书丞郎表》《秘书不应属少府表》。

[记事] 辅吴将军张昭卒。魏司空陈群卒。

---

① 《晋书·文明皇后传》载："（王元姬）年十二，朗薨。……既笄，归于文帝。"按：古代女子一般十五岁时举行笄礼，之后可许嫁。言"既笄"，当年满十五岁，姑系于此时。

魏明帝景初元年（237 年）　　四十三岁

王肃参与改正朔之议，上《请恤役平刑疏》。七月，司徒陈矫薨，王肃作《答刘氏弟子问》①。

景初二年（238 年）　　四十四岁

王肃答明帝所问二事。

[记事] 司马懿率军攻辽东，六月至辽东，八月杀公孙渊。魏明帝病重。

景初三年（239 年）　　四十五岁

魏明帝崩，王肃就明帝丧事作《答尚书访》，又有《已迁主讳议》。

[记事] 正月，魏明帝曹叡卒，年三十五。太子齐王芳即位，年八岁。二月，曹爽用丁谧之计，转司马懿为太傅，削其实权。

魏齐王正始元年（240 年）　　四十六岁

王肃出任广平太守，并遣使劳问隐士张臶家。

[出处]《三国志·张臶传》载："正始元年，戴鵀之鸟，巢臶门阴。臶告门人曰：'夫戴鵀阳鸟，而巢门阴，此凶祥也。'乃援琴歌咏，作诗二篇，旬日而卒，时年一百五岁。是岁，广平太守王肃至官，教下县曰：'前在京都，闻张子明，来至问之，会其已亡，致痛惜之。此君笃学隐居，不与时竞，以道乐身。昔绛县老人屈在泥涂，赵孟升之，诸侯用睦。愍其耄勤好道，而不蒙荣宠，书到，遣吏劳问其家，显题门户，务加殊异，以慰既往，以劝将来。'"

[记事] 魏车骑将军黄权卒。

正始二年（241 年）　　四十七岁

王肃议祭明帝事。

[记事] 诸葛瑾卒。管宁卒。

正始五年（244 年）　　五十岁

王肃因公事征还，拜议郎。

[记事] 曹爽、夏侯玄率大军攻蜀，失利。

---

① 陈矫，字季弼，本刘氏，养于陈氏。及其薨，刘氏弟子疑所服，以问王肃，王肃作《答刘氏弟子问》。

正始六年（245 年）　　　五十一岁

王肃任侍中，迁太常。斥责何晏、邓飏为奸臣。

[出处]《三国志》本传载："正始元年，出为广平太守。公事征还，拜议郎。顷之，为侍中，迁太常。时大将军曹爽专权，任用何晏、邓飏等。肃与太尉蒋济、司农桓范论及时政，肃正色曰：'此辈即弘恭、石显之属，复称说邪！'爽闻之，戒何晏等曰：'当共慎之！公卿已比诸君前世恶人矣。'"

[考证]据《三国志·齐王纪》载，是年太常高柔转任司空，王肃很可能在此时接任太常一职。

[记事]魏以骠骑将军赵俨为司空，赵俨数月卒，以太常高柔为司空。吴丞相陆逊卒。

正始八年（247 年）　　　五十三岁

王肃因宗庙事遭免官。

[考证]王肃遭免官，当与曹氏、司马氏政治权力斗争有关。《三国志·曹爽传》载："初，爽以宣王年德并高，恒父事之，不敢专行。及晏等进用，咸共推戴，说爽以权重不宜委之于人。……诸事希复由宣王。"可见，曹爽辅政之初，并未专权。正始八年，曹爽迁太后于永宁宫，专擅朝政，而司马懿称疾不与政事，故王肃遭免官时间盖在此年。

正始十年、魏齐王嘉平元年（249 年）　　　五十五岁

二月，王肃以太常之职奉命册封太傅司马懿为丞相。

[记事]正月，司马懿趁曹爽兄弟陪同齐王芳祭扫高平陵（明帝墓）之机，发动"高平陵政变"，控制军政大权，杀曹爽、何晏、邓飏、丁谧、桓范等人，夷三族。哲人王弼卒，年二十四。魏太尉蒋济卒。

嘉平三年（251 年）　　　五十七岁

王肃任光禄勋。

[记事]魏王凌谋立楚王彪，在淮南反司马懿，司马懿袭擒王凌，王凌自杀。以诸葛诞都督扬州诸军事。以司马孚为太尉。是年，魏太尉司马懿卒，年七十三。

嘉平四年（252 年）　　　五十八岁

仍任光禄勋。

[记事]正月，魏以司马师为大将军。四月，吴大帝孙权卒，年七十一。

嘉平五年（253 年）　　　五十九岁

王肃出任河南尹。

[记事] 孙峻谋杀大将军诸葛恪，自任丞相、大将军，独揽吴军政大权。

魏高贵乡公正元元年（254 年）　　　六十岁

王肃持节兼太常，奉法驾，迎高贵乡公于元城。预见毌丘俭、文钦起兵作乱之事。

[记事] 魏大将军司马师杀尚书令李丰、太常夏侯玄。司马师废齐王芳，立高贵乡公曹髦为帝，改元正元。

正元二年（255 年）　　　六十一岁

王肃为司马师平定毌丘俭、文钦之乱出谋划策，并劝司马师亲征。之后，迁中领军，加散骑常侍。

[出处]《三国志》本传载："嘉平六年，持节兼太常，奉法驾，迎高贵乡公于元城。是岁，白气经天，大将军司马景王问肃其故，肃答曰：'此蚩尤之旗也，东南其有乱乎？君若修己以安百姓，则天下乐安者归德，唱乱者先亡矣。'年春，镇东将军毌丘俭、扬州刺史文钦反，景王谓肃曰：'霍光感夏侯胜之言，始重儒学之士，良有以也。安国宁主，其术焉在？'肃曰：'昔关羽率荆州之众，降于禁于汉滨，遂有北向争天下之志。后孙权袭取其将士家属，羽士众一旦瓦解。今淮南将士父母妻子皆在内州，但急往御卫，使不得前，必有关羽土崩之势矣。'景王从之，遂破俭、钦。后迁中领军，加散骑常侍。"

[记事] 正月，魏扬州刺史文钦、镇东将军毌丘俭起兵讨司马师。闰正月，司马师率军平定，不久司马师卒。二月，司马昭任大将军，录尚书事。蜀将姜维率军攻魏，大破魏军于洮西。

魏高贵乡公甘露元年（256 年）　　　六十二岁

王肃卒，年六十二。追赠卫将军，谥"景侯"。

[记事] 正月，蜀将姜维进位大将军。八月，加司马昭大都督，奏事不名，假黄钺。以太尉司马孚为太傅。

附录二　王肃经学著述简表

《周易》类	《周易注》十卷	（《序录》①）
	《周易音》	（《序录》）
《尚书》类	《尚书传》十一卷	（《序录》）
	《尚书驳异》五卷	（《隋志》）
	《尚书答问》三卷	（《隋志》）
《毛诗》类	《毛诗注》二十卷	（《序录》）
	《毛诗义驳》八卷	（《隋志》）
	《毛诗奏事》一卷	（《隋志》）
	《毛诗问难》二卷	（《七录》）
	《毛诗音》	（《序录》）
《周礼》类	《周官礼注》十二卷	（《序录》）
《仪礼》类	《仪礼注》十七卷	（《隋志》）
	《丧服经传注》一卷	（《隋志》）
	《丧服要记》一卷	（《隋志》）
	《丧服变除》	（《晋书·礼志》）
《礼记》类	《礼记》三十卷	（《序录》）
	《祭法》五卷	（《七录》）
	《明堂议》三卷	（《七录》）
	《宗庙诗颂》十二篇	（《宋书·乐志》）
"三礼"类	《三礼音》三卷	（《序录》）
《春秋》类	《春秋左氏传注》三十卷	（《序录》）
	《春秋外传章句》二十二卷	（《七录》）
《孝经》类	《孝经解》一卷	（《隋志》）
《论语》类	《论语注》十卷	（《序录》）
	《论语释驳》三卷	（《七录》）
《孔子家语》	《孔子家语解》二十一卷	（《隋志》）

---

①　按：为列表方便，对于著录文献大多使用其简称，如《经典释文·序录》简称《序录》，《隋书·经籍志》简称《隋志》。本表"《周易注》十卷"至"《王子正论》十卷"部分的制作，主要参考《汉晋学术编年》，详见刘汝霖《汉晋学术编年》，华东师范大学出版社2010年版，第539－540页。

其他	《圣证论》十二卷	（《隋志》）
	《扬子太玄经注》七卷	（《七录》）
	《玄言新记道德》二卷	（《唐志》）
	《王子正论》十卷	（《隋志》）
	《禘祭议》①	（《通典》）
	《郊庙乐舞议》	（《隋书·音乐志》）
	《王侯在丧袭爵议》	（《通典》）
	《已迁主讳议》	（《通典》）
	《祀社议》	（《通典》）
	《告瑞祀天宜以地配议》	（《通典》）
	……	
	《宗庙颂》	（《初学记》）

---

① 按：《禘祭议》以下至《宗庙颂》，本自《全三国文》，均为王肃"经学类"奏议答问。参见（清）严可均辑，马志伟审订：《全三国文》，商务印书馆 1999 年版，第 223 – 233 页。

附录三　王肃经学佚籍辑本简表

《周易》类	1.《王肃周易注》一卷 （魏）王肃撰　（清）孙堂辑 2.《周易王子雍氏》 （魏）王肃撰　（清）张惠言辑 3.《王肃易注》一卷 （魏）王肃撰　（清）黄奭辑 4.《周易王氏注》二卷 （魏）王肃撰　（清）马国翰辑 5.《周易王氏音》一卷 （魏）王肃撰　（清）马国翰辑 6.《王氏易注》 （魏）王肃撰　（清）余萧客辑 7.《王氏周易注》 （魏）王肃撰　（清）朱彝尊辑 8.《马王易义》一卷 （汉）马融、（魏）王肃撰　（清）臧庸辑
《尚书》类	1.《尚书王氏注》二卷 （魏）王肃撰　（清）马国翰辑 2.《书王氏注》一卷 （魏）王肃撰　（清）王仁俊辑 3.《王氏尚书注》 （魏）王肃撰　（清）余萧客辑
《诗经》类	1.《毛诗王肃注》一卷 （魏）王肃撰　（清）黄奭辑 2.《毛诗王氏注》四卷 （魏）王肃撰　（清）马国翰辑 3.《毛诗问难》一卷 （魏）王肃撰　（清）马国翰辑 4.《毛诗义驳》一卷 （魏）王肃撰　（清）马国翰辑 5.《毛诗奏事》一卷 （魏）王肃撰　（清）马国翰辑 6.《毛诗马王征》四卷 （汉）马融、（魏）王肃等撰　（清）臧庸辑
《周礼》类	1.《周礼王氏注》一则 （魏）王肃撰　（清）余萧客辑

《仪礼》类	1. 《王肃仪礼丧服注》一卷 （魏）王肃撰　（清）黄奭辑 2. 《丧服经传王氏注》一卷 （魏）王肃撰　（清）马国翰辑 3. 《丧服要记》一卷 （魏）王肃撰　（清）王谟辑 4. 《王肃丧服要记》一卷 （魏）王肃撰　（清）黄奭辑 5. 《王氏丧服要记》一卷 （魏）王肃撰　（清）马国翰辑 6. 《丧服要记》一卷 （魏）王肃撰　（清）王仁俊辑 7. 《仪礼丧服经传马王注》 （汉）马融、（魏）王肃撰　（清）臧庸辑　（清）孙冯翼校
《礼记》类	1. 《礼记王氏注》二卷 （魏）王肃撰　（清）马国翰辑
《春秋左传》类	1. 《春秋左传王氏注》 （魏）王肃撰　（清）马国翰辑 2. 《春秋左传王氏注》一卷 （魏）王肃撰　（清）余萧客辑
《论语》类	1. 《论语王氏义说》一卷 （魏）王肃撰　（清）马国翰辑 2. 《王肃注论语》一卷 （魏）王肃撰　龙璋辑
《孝经》类	1. 《孝经王氏解》一卷 （魏）王肃撰　（清）马国翰辑 2. 《孝经王氏注》 （魏）王肃撰　（清）余萧客辑
其他类	1. 《王肃国语章句》一卷 （魏）王肃撰　（清）黄奭辑 2. 《圣证论》一卷 （魏）王肃等撰　（清）王谟辑 3. 《圣证论》一卷 （魏）王肃等撰　（清）马国翰辑 4. 《王子正论》一卷 （魏）王肃撰　马国翰辑

附录四 王肃经学佚文来源文献简目

1.（汉）司马迁撰，（南朝宋）裴骃集解，（唐）司马贞索隐，（唐）张守节正义《史记》，清乾隆四年武英殿校刻本。

2.（魏）王肃《孔子家语注》，民国八年上海商务印书馆四部丛刊景明黄鲁曾覆宋刻本。

3.（魏）何晏《论语集解》，民国二十一年故宫博物院影印《天禄琳琅丛书》第一辑景元翻宋本。

4.（晋）陈寿撰，（南朝宋）裴松之注《三国志》，清乾隆四年武英殿校刻本。

5.（晋）张华《博物志》，清道光二十一年金山钱氏据借月山房汇钞残版重编增刻指海本。

6.（南朝宋）范晔等撰，（唐）李贤等注《后汉书》，清乾隆四年武英殿校刻本。

7.（南朝梁）沈约《宋书》，清乾隆四年武英殿校刻本。

8.（南朝梁）萧子显《南齐书》，清乾隆四年武英殿校刻本。

9.（南朝梁）皇侃《论语集解义疏》，清乾隆三十七年至道光三年长塘鲍氏刻知不足斋丛书本。

10.（南朝梁）萧统编，（唐）李善注《文选》，清嘉庆胡克家重刻宋淳熙本。

11.（北魏）郦道元《水经注》，明嘉靖十三年黄省曾刻本。

12.（北齐）魏收《魏书》，清乾隆四年武英殿校刻本。

13.（隋）杜台卿《玉烛宝典》，清光绪八至十年遵义黎氏日本东京使署刻古逸丛书景日本旧钞卷子本。

14.（唐）陆德明《经典释文》，清乾隆嘉庆间嘉善谢氏刻抱经堂丛书本。

15.（唐）欧阳询等《艺文类聚》，宋绍兴刻本。

16.（唐）魏征等《隋书》，清乾隆四年武英殿校刻本。

17．（唐）孔颖达《尚书正义》，清嘉庆二十年南昌府学重刊宋本十三经注疏本。

18．（唐）孔颖达《周易正义》，清嘉庆二十年南昌府学重刊宋本十三经注疏本。

19．（唐）孔颖达《礼记正义》，清嘉庆二十年南昌府学重刊宋本十三经注疏本。

20．（唐）孔颖达《毛诗正义》，清嘉庆二十年南昌府学重刊宋本十三经注疏本。

21．（唐）孔颖达《春秋左传正义》，清嘉庆二十年南昌府学重刊宋本十三经注疏本。

22．（唐）贾公彦《周礼注疏》，清嘉庆二十年南昌府学重刊宋本十三经注疏本。

23．（唐）贾公彦《仪礼注疏》，清嘉庆二十年南昌府学重刊宋本十三经注疏本。

24．（唐）杨士勋《春秋榖梁传注疏》，清嘉庆二十年南昌府学重刊宋本十三经注疏本。

25．（唐）虞世南《北堂书钞》，清光绪十四年南海孔氏三十有三万卷堂景宋刻本。

26．（唐）房玄龄等《晋书》，清乾隆四年武英殿校刻本。

27．（唐）释道世《诸经要集》，日本大正新修大藏经本。

28．（唐）释道世《法苑珠林》，民国二十四年影印南宋理宗绍定二年至元英宗至治二年平江府陈湖碛砂延圣院刻大藏经本。

29．（唐）瞿昙悉达《大唐开元占经》，明大德堂钞本。

30．（唐）徐坚等《初学记》，清同治光绪间南海孔氏三十有三万卷堂重刻古香斋袖珍十种本。

31．（唐）李吉甫《元和郡县图志》，清乾隆五十年至嘉庆十四年兰陵孙氏刻岱南阁丛书本。

32．（唐）李鼎祚《周易集解》，清嘉庆二十三年刻本。

33．（唐）韩愈、李翱《论语笔解》，清嘉庆十三至十六年海虞张氏刻

（唐）杜佑《通典》，清乾隆十二年武英殿刻本。

（后晋）刘昫《旧唐书》，清乾隆四年武英殿校刻本。

（宋）李昉等《太平御览》，民国二十四至二十五年上海商务印书馆丛刊三编景宋刻配补日本聚珍本。

37.（宋）邢昺《论语注疏》，清嘉庆二十年南昌府学重刊宋本十三经注疏本。

38.（宋）邢昺《孝经注疏》，清嘉庆二十年南昌府学重刊宋本十三经注疏本。

39.（宋）司马光撰，（元）胡三省音注《资治通鉴》，清嘉庆二十一年鄱阳胡克家覆元兴文署刻本。

40.（宋）司马光《类篇》，清康熙四十五年扬州诗局刻本。

41.（宋）陈彭年等《广韵》，清光绪八至十年遵义黎氏日本东京使署刻古逸丛书覆宋刻本。

42.（宋）朱震《汉上易传》（附《汉上易传丛说》），清康熙十九年通志堂刻通志堂经解本。

43.（宋）李如圭《仪礼集释》，清乾隆武英殿木活字印武英殿聚珍版书本。

44.（宋）范处义《诗补传》，清康熙十九年通志堂刻通志堂经解本。

45.（宋）吕祖谦撰，（清）宋咸熙辑《古易音训》，清光绪十二年刻本。

46.（宋）罗泌《路史》，明万历三十九年乔可传刻本。

47.（宋）严粲《诗缉》，明赵府味经堂刻本。

48.（宋）王应麟《玉海》，清嘉庆十一年江宁藩署刻本。

49.（宋）卫湜《礼记集说》，清康熙十九年通志堂刻通志堂经解本。

50.（宋）俞琰《周易集说》，清康熙十九年通志堂刻通志堂经解本。

51.（宋）李樗、黄櫄《毛诗集解》，台湾商务印书馆影印文渊阁四库全书本。

52.（宋）杨复《仪礼经传通解续卷祭礼》，林庆彰校订，桥本秀美、叶纯芳编辑，台湾"中央"研究院中国文哲研究所，2011年版。

53．（元）戴侗《六书故》，清乾隆四十九年李鼎元师竹斋刻本。

54．（元）胡一桂《双湖先生文集》，清康熙四十二年刻本。

55．（清）邵晋涵《尔雅正义》，清道光九年广东学海堂刻咸丰十一年补刻皇清经解本。

56．（清）李富孙《易经异文释》，清光绪十四年南菁书院刻皇清经解续编本。

57．（清）李道平《周易集解纂疏》，清光绪十七年三余草堂刻湖北丛书本。

58．（清）马骕《绎史》，清康熙九年初印本。

59．（清）桂馥《说文解字义证》，清道光三十年至咸丰二年杨氏刻连筠簃丛书本。

60．（清）陈瑑《说文引经考证》，清同治十三年湖北崇文书局重刻本。

61．（清）严可均辑《全上古三代秦汉三国六朝文》，民国十九年丁福保影印清光绪二十年黄冈王氏刻本。

62．［日］林秀一《孝经述议复原研究》，乔秀岩、叶纯芳、顾迁编译，崇文书局2016年版。

后　记

　　王肃不仅是三国经学大家，也是一位因"郑王之争"学术公案而在经学史上备受争议的学者。我与王肃"结缘"，是从 2012 年准备撰写博士论文开始的，当时我在导师丁鼎先生的建议下选定了"魏晋南朝东海王氏家族文化研究"（后以《魏晋南朝东海王氏研究》为题出版）这一题目。王肃经学在中国经学史上占有十分重要的地位，是一个值得深入研究的课题。很惭愧多年来一直"原地踏步"，未能继续对该课题展开系统、深入的研究。

　　王肃遍注群经，经学著述多达 30 种，可惜除《孔子家语注》外，其他均亡佚不传。其部分经注佚文散见于后世注疏、史籍、类书等典籍中，清代学者马国翰、黄奭等人孜孜矻矻、钩沉索隐，辑得王肃经学佚籍十余种，嘉惠学林、功莫大焉。文献整理是一项基础工作，学界虽然对王肃及其经学多有研究，但是对其经学文献还缺少系统的整理，因此我在撰写博士论文时便萌生了校辑整理王肃经学文献的初步想法。2015 年我博士毕业后，入职鲁东大学国际教育学院。2017 年我以"王肃经学文献整理与研究"为题申报教育部人文社科研究青年基金项目，幸获立项。五阅寒暑，始成初稿。结项以后，又略作修订，成此书稿。

　　在书稿即将付梓之际，特别感谢当年胡晓清院长对我的指导与帮助，犹记得那年寒假里胡院长不厌其烦地一遍遍打电话指导我修改项目申报书，高情厚意，感念于心。感谢浙江工商大学刘伟教授给予宝贵意见。感谢《孔子研究》编辑部崔海鹰师兄当年慷慨提供其所收藏的《经学辑佚文献汇编》。感谢本书责任编辑徐文贤先生对书稿严谨细致的审校。最后，特别感谢我的妻子于少飞，除了生活上的关心照顾与辛苦付出以外，从申报书的谋划到文献资料的搜集，再到书稿的具体撰写和最后修订，都离不开她的大力支持与帮助。

希望拙著对于今后的王肃经学研究有所助益。限于学力和时间，书中不免存在一些谬误和罅漏之处，敬祈方家不吝赐教！

马金亮
2024 年 2 月 20 日于烟台